Gebrauchsanweisung für Heimat

Andreas Altmann

Gebrauchsanweisung für Heimat

PIPER

Mehr über unsere Autoren und Bücher:
www.piper.de

Von Andreas Altmann liegen im Piper Verlag und bei Malik National Geographic vor:
34 Tage – 33 Nächte
Der Preis der Leichtigkeit
Das Scheißleben meines Vaters, das Scheißleben meiner Mutter und meine eigene Scheißjugend
Dies beschissen schöne Leben
Verdammtes Land
Frauen.Geschichten.
In Mexiko
Leben in allen Himmelsrichtungen
Gebrauchsanweisung für die Welt
Gebrauchsanweisung für das Leben

Inhalte fremder Webseiten, auf die in diesem Buch (etwa durch Links) hingewiesen wird, macht sich der Verlag nicht zu eigen. Eine Haftung dafür übernimmt der Verlag nicht.

FSC www.fsc.org
MIX
Papier aus verantwortungsvollen Quellen
FSC® C083411

ISBN 978-3-492-27743-3

Satz: Fotosatz Amann GmbH & Co KG, Memmingen
Gesetzt aus der Bembo und der Trade Gothic
Litho: Lorenz & Zeller, Inning am Ammersee
Druck und Bindung: CPI books GmbH, Leck
Printed in the EU

Stanisław Jerzy Lec:
Die Muttersprache ist das Vaterland der Schriftsteller.

Eric Burdon:
Jeder braucht ein Anderswo.

Mahmoud Darwish:
*Ich lernte alle Wörter und habe sie alle zerteilt,
um ein einziges Wort zu schaffen: Heimat.*

Das Buch gehört meinen Freunden. Die es noch immer mit mir aushalten. Sie haben so vieles, was mir fehlt. Was sie mich nie spüren lassen, ja, sie benehmen sich, als wäre ich ihnen ebenbürtig. Das schaffen nur sie. Manche tun so, als würden sie mich brauchen. Das ist der Gipfel von Wertschätzung. Der Teufel soll mich holen, sollte ich je die Freundschaft verraten, ach, nicht zur Stelle sein, wenn einer von ihnen um Hilfe ruft.

Inhalt

VORWORT

Wenn man eine Liebe an die Wand fährt, findet man – hoffentlich – eine neue. So ähnlich sollte man beim Verlust der Heimat handeln: Will man sie loswerden, weil die Erinnerung an sie wie Schlangengift das Herz verseucht, so desertiere man und suche sich eine andere Unterkunft, eine andere, brandneue Heimat.

Leicht gesagt, ich weiß. Die einen gehen mit einem Freudenschrei, die anderen tränenüberströmt. Von allen soll erzählt werden.

Für mich war Blut nie dicker als Wasser. Bin ich doch ein Meister im »Cut«-Sagen, einer, der unwiderruflich Frauen und Männer und Orte aufgibt, wenn sie mir nicht mehr guttun. Oder ich ihnen. Sie weder im Kopf noch im Bauch gehobene Stimmung auslösen, so ein Gedankensprühen, so ein romantisches Ziehen im Solarplexus. Bin selbst dann davon, wenn das Bleiben mir materielle oder sinnliche Boni verschafft hätte, Genüsse wie Wohlstand oder erotische Zuwendung.

Ich bin sogar der eigenen Familie entlaufen, von der Verwandtschaft gar nicht zu reden. Immer von der rüden Überzeugung getrieben, dass ich in ihrer Nähe nicht vom Fleck komme, dass mein Hirn stillsteht, ja, schlimmer, dass es schrumpft, weil weit und breit nichts blüht, was es nährt. Ja, Flucht muss sein, da ich jeden Morgen mit dem bedrohlichen und gewiss anspornenden Gedanken aufwache, dass ich nur ein einziges verdammtes Leben habe. Somit käme mir jedes Verweilen an »Stellen«, an denen kein Leben stattfindet, wie eine Todsünde vor. Wie trefflich das Wort, denn bliebe ich, versündigte ich mich schwer an mir selbst.

Kann einer das Leid noch zählen, das sich seit Millionen Jahren – pyramidal – anhäuft: weil Leute nicht voneinander loskommen? Oder hocken bleiben an Plätzen, die sie täglich näher an den Abgrund treiben. Oder sie, diskret und unspektakulär, in die so verschwiegene Depression der Ausweglosigkeit manövrieren. Wie sagte es Perikles, der siebengescheite Grieche: »Das Geheimnis des Glücks ist die Freiheit. Das Geheimnis der Freiheit ist der Mut.« Ohne den geht es nicht. Ein mutloses Leben? Das klingt schauerlich.

Jedes Fortgehen – ganz gleich, von wem und von was – braucht Schneid. Manchmal ein bisschen, manchmal ein bisschen viel. Eine neue Heimat – oder ein neuer Mensch: lauter unbekannte Kontinente. Wer kein Glück hat, fährt mitten hinein in sein nächstes Unglück.

Die Angst ist da. Deshalb muss Courage her. Meist wird sie den Mutigen belohnen. Mit der unbändigen Freude, dass er sich getraut hat. Und der wunderlichen Einsicht, dass kein Desaster wartet, sondern Aussichten auf ein innigeres Leben: upgraded, nach oben befördert, da, wo es sich freier atmet, da, wo weder Schwunglosigkeit noch *Bore-out* die Wirklichkeit ersticken.

Ich darf hier mitreden. Ich erblickte die Finsternis der Welt in einer Brutstätte aus Bosheit und Bigotterie und landete – über dornenreiche Umwege und Irrläufe – irgendwann in Paris: *The City of Lights*. Ich wüsste keinen schöneren Landeplatz auf Erden.

Ob Paris als Heimat taugt? Oder benötige ich – ich wäre nicht der Einzige – mehrere, ja, viele »Dinge«, die man Heimat nennen könnte? Die Antwort ist so einfach: bestimmt! Die Behauptung gilt umso mehr für jene, die ihre »natürliche« Heimat verließen, verlassen mussten. Aus Überdruss, aus Furcht zu verkümmern, aus Sorge ums Leben, aus Liebe, aus Hass, was weiß ich.

Heimat – was das magische Wort auch bedeuten mag – muss sein. Der Mensch braucht Lichtquellen, einen Kreis, dessen Teil er ist, Sprache, die ihn behütet, andere Sterbliche, deren Nähe ihn stärkt, eine Gesellschaft, deren Vereinbarungen er grundsätzlich bejaht, eine Wohnung, in die er sich vor dem Rest der Menschheit zurückziehen darf.

Ein unendliches Buch müsste man schreiben, um alles zu benennen, was heimatliche Empfindungen auslösen könnte. Mir reicht keine Stadt, kein Land, ich suche überall auf dem Globus nach etwas, an das ich den Sticker »Heimat« kleben kann. Jeder Fund beruhigt mich in einem Universum, durch das wir mit 107 000 Kilometern pro Stunde rasen. Eher ziellos, eher verloren. Und da ich an eine himmlische Heimstatt mit einem Himmelsherrscher mittendrin nicht glaube, mir diese ultimative Heimat stets als Hirngespinst erschien, bleibt mir nichts als die Erde und ihre Bewohner. Hier muss ich heimisch werden. Gelingt mir das, bin ich das geworden, was mir als Traum seit meiner Jugend durch den Kopf schwirrt: ein Weltbürger. Das wäre einer, der in der Welt zu Hause ist.

Das Glück des Augenblicks: Galway

Tage bevor ich nach Galway kam, hatte mich eine Frau verlassen. Nein, so stimmt es: Sie wollte ihren Freund wegen mir nicht aufgeben. Nun gibt es viele Arten, um mit einer solchen Niederlage fertigzuwerden. Die Unwillige beschimpfen, sich als Loser verdammen, über ihren Liebsten herziehen oder mit einer Whiskyflasche im Eck hocken und sich in Selbstmitleid ersäufen.

Für all das bin ich nicht sonderlich begabt. Auch von der Nutzlosigkeit derlei Taten überzeugt. Zudem unfähig, wie ein antiker Held um die schöne Beute zu kämpfen. Will eine von mir nichts wissen, wird sie ihre Gründe haben. Sie umstimmen? Wie soll das gehen? Mit einer Hymne auf meine Einzigartigkeit? Andere können das, ich nicht.

Natürlich fühlte ich den Stich im Herzen. Aber ich verfüge über ein robustes Immunsystem. Für den Körper und für – die »Seele«. Ich gesunde rasch, das ist ein Gen und bestimmt keine Leistung. Jeder Schwinger auf meine Gefühlswelt – geht es um Nähe oder andere Komplikationen – wird erstaunlich schnell weggesteckt. Weil ich längst ein Allheilmittel gefunden hatte: tun.

Irland ist wunderschön. Und noch wunderschöner, wenn jemand Bölls »Irisches Tagebuch« gelesen hat. Und am grandiosesten für einen reisenden Schreiber. Denn die Iren sind ein sprachbesessenes Volk. Sie produzierten, gemessen an der Bevölkerung, die meisten Literaturnobelpreisträger – ein ganzes Quartett. In jedem Pub und unter jedem Baum sitzt ein Weltmeister, der nur den Mund aufmachen muss, und ein sagenhaftes Englisch kommt zum Vorschein. Wer hier keine Heimat findet, wo sonst?

Aber für meine ewige Irlandliebe sorgten nicht die vier Berühmtesten, auch nicht die 4,7 Millionen Einwohner, die gewiss eines Tages ebenfalls berühmt werden, sondern: Susan in Galway. Ich hatte so leichtes Spiel mit ihr, und mein Anteil daran – es wird gleich offenkundig – war eher bescheiden. Alles an diesem 6. September hatten die Götter bereits für mich arrangiert.

Frühmorgens fuhr ich mit dem Schiff zu den Aran-Inseln, etwa zwei Stunden westlich der Küste. Ich wanderte die zwölf Kilometer nach Dún Aonghasa, einer Befestigung aus der Bronzezeit. Gegen jede Gewohnheit pflückte ich Blumen entlang des Wegs.

Abends, zurück auf dem Festland, ging ich in die *Cottage Bar*, die Zimmerwirtin hatte sie mir empfohlen. Livemusik gab es und natürlich die lokalen Poeten. Bizarrerweise hatte ich den Strauß mitgenommen, bunt und wild, Glockenblumen, Margeriten und Enziane. Warum habe ich ihn nicht im Pensionszimmer gelassen? Ich weiß es nicht. Es geschah vollkommen unbewusst.

An der Bar kam ich mit Sean ins Gespräch, einem jungen Musiker. Wir redeten – Männer halt – über die drei Mädels, die als Barkeeper arbeiteten. Er kannte sie seit Langem, sprach nur freundlich von ihnen. Da sich kein Bekannter hier befand, vor dem ich mich hätte blamieren können, sagte ich ihm, dass ich gern Susan (das wusste ich inzwischen) kennenlernen würde. Statt mir zu verraten, wie ich das am intelligentesten inszeniere, meinte er trocken »no problem«, stand auf und erzählte ihr von einem – dabei deutete er auf mich –: »who would like to get to know you«.

So sind die Iren, und ich bin schuldlos. Und Susan lachte, und wir plauderten. Ab 23 Uhr hatte sie frei, und wir zogen ins *Myles Lee Pub*. Das soll es geben und das gibt es: das kleine Wunder zwischen Frau und Mann. Zwei treffen sich, und von Kopf bis Fuß sind sie miteinander einverstanden. Und als die Sperrstunde kam, durften die Gäste im abgedunkelten Raum sitzen bleiben. Noch ein Geschenk des Himmels, da ja Schummrigkeit – nur ein paar Kerzen brannten – die Nähe beschleunigt.

Ich zog meinen Notizblock heraus. Tags zuvor hatte ich den Thoor Ballylee besucht, nur zwanzig Kilometer von Galway entfernt. Einer der Weltberühmten im Land hatte dort in einem uralten Festungsturm gelebt: William Butler Yeats. Ein Lieblingsdichter. In dem Museum fand ich die englische Originalfassung eines Gedichts, das ich schon lange kannte. Und las es nun Susan vor. Ich wusste, dass Poesie, selbst wenn es keinen direkten Zusammenhang zwischen dem Inhalt und der aktuellen Situation gab, wunderlich verheerende Wirkungen im Gemüt einer Empfänglichen auslösen konnte. Und Susan, die Irin, die Sprachverliebte, bat mich, die letzten Zeilen nochmals zu zitieren. Und Yeats, der Nationalheilige, und ich, der Wildfremde, gaben ihr jetzt den Rest: »… I have spread my dreams under your feet/ Tread softly because you tread on my dreams«, *die Träume breit ich aus vor deinen Füßen/Tritt leicht darauf, du trittst auf meine Träume.*

Die 27-Jährige, sonst so sprudelig, schloss die Augen, Musik, komponiert aus nichts als aus Buchstaben, flutete gerade durch ihren Körper. Okay, das Gift war angekommen.

Spätnachts schlenderten wir zu ihr. Und vor dem Haus, in dem sie wohnte, sagte sie einen Satz, den ein Mann, wenn er denn maßloses Glück hat, wohl nur einmal in seinem Leben von einer Frau zu hören bekommt: »Möchtest du auf eine Tasse Tee mit hinaufkommen?« Das ist ein Männersatz, aber hier im romantischen, nachtstillen Galway hat ihn Susan ausgesprochen, ruhig, ganz ernst gemeint.

Jetzt lief der Tag zu beispielloser Hochform auf: Das »Mithinaufkommen« erwies sich als durchaus ungewöhnlich, da im Erdgeschoss die Eltern schliefen, somit der Weg über Tür und Treppe gesperrt war. Siehe Irland, siehe Katholizismus und rastlose Heuchelei.

Susan überlegte kurz und drückte dabei sacht ihren linken Zeigefinger auf meine Lippen, machte Zeichen, ihr geräuschlos zu folgen. Neben dem Komposthaufen des schmalen Gartens lehnte eine Leiter, aus Holz, etwa drei Meter lang. Verstanden, ich nahm sie, wir schlichen die paar Schritte zurück, und Susan deutete auf ihr (halb offenes) Fenster im ersten Stock.

Das Leben hätte gerade nicht herrlicher sein können. Susan stieg voraus, glitt in ihr Zimmer und flüsterte: »Come on in.« Und ich kam. Und legte den Blumenstrauß auf den Tisch. Dann küssten wir uns.

Über eine Stunde küssen. Küssen und ein bisschen mehr. Aber nicht alles. Nie wäre ich auf die Idee gekommen zu drängen. *This was a perfect day*, und ich hatte kein Recht, ihn mit einer falschen Geste zu ruinieren.

Kurz vor vier – der Vater hatte Frühschicht, er würde bald aufstehen – kletterte ich nach unten, trug die Leiter an ihren Platz und winkte hinauf zu Susan, die verträumt und ziemlich unbekleidet zurückwinkte. Ich musste mich losreißen, so phänomenal war das Bild.

Als ich durch die menschenleeren Straßen Richtung *Lin's Guesthouse* wanderte, wurde mir klar, dass Galway alles hatte, um auf meinem privaten Heimat-Atlas zu landen: in dem jeder »Punkt« unserer Erde steht, der – halblaut ausgesprochen – ein sehnsüchtiges Seufzen auslöst. Die Gründe dafür können so verschieden sein. An diesem Sommertag waren es Susans Lippen, die nun wie tausend irische Sterntaler meine Haut bedeckten. Und Yeats' Poesie. Und diese Nacht, durch die vom Meer her eine warme Brise wehte.

DEUTSCHLAND

»Deutschland ist ein schwieriges Vaterland«, der Satz stammt von Willy Brandt. Die fünf Worte lassen ahnen, dass eine haltlose Liebe zu diesem Land so einfach nicht funktioniert.

Was für Denker, was für Dichter, was für Musiker, was für Künstler, was für grandiose Erfindungen und Entdeckungen. Eine Hochkultur, die der Welt unglaubliche Gedanken und Taten geschenkt hat.

Und was für ein Morden, was für ein Schlachten, was für ein namenloses Grauen. Eine Barbarenclique, die der Welt das dunkelste Kapitel der Menschheitsgeschichte vermacht hat.

Ich bin ein Nachgeborener und fühle mich für die Gräuel meiner Väter nicht verantwortlich. So wenig, wie ich mir die Verdienste von Herrn Goethe an den Hut stecken darf. Ich misstraue jedem, der mit dem Büßerhemd durchs Leben geht. Geknickt und voller Büßerstolz. Eher albern. Was ich vermag, ziemlich bescheiden: so reden und so tun, dass ein Flair von Leichtigkeit – ach, wie grandios wäre das – von mir ausgeht. Da überzeugt, dass Frauen und Männer, die beschwingt unterwegs sind, nie auf die Idee kämen, andere Frauen und Männer auszurotten.

Gewiss, die so unschuldige Begeisterung für Deutschland wird sich nicht einstellen. So ist es meine Trotzdem-Liebe. Denn es hat sich inzwischen herumgesprochen, dass ein Volk ohne Achtung und Wohlwollen für das Land, zu dem es gehört, nicht existieren kann. Verachtung füreinander und Hass auf alles, was als Staat auftritt, führen mitten ins Reich der Finsternis. Die Weimarer Republik hat es vorgemacht.

Auf der anderen Seite: Patriotismus ist ein problematisches Wort. Wörtlich übersetzt, bedeutet es nichts anderes, als Verbundenheit zu seiner »patria« – lateinisch für Heimat – zu empfinden. Aber ja, nur zu. Liebe für die Seinen, das ist ein friedliches Unternehmen. Wenn, ja, wenn immerhin eine Herzkammer übrig bleibt, um andere Länder und ihre Bewohner zu achten und zu bewundern. So hätten wir den Deutschen als Weltbürger.

Als rasend begabt dafür sind mir meine Landsleute bisher nicht aufgefallen. »Heil Deutschland!« scheint viele, zu viele jedenfalls, noch immer zu berauschen. Sieht man sie paradieren, dann fallen zuerst ihre Visagen auf. Sie ähneln durchaus der Armseligkeit ihrer (braunen) Sehnsüchte: irgendwie dumpf, irgendwie lauernd. Jedes Mal machen sie Angst, denn ihre Wut gilt auch denen, die nicht dazu zu bewegen sind, Fremde zu verabscheuen und aus »unserem Deutschland« zu jagen. Sie wollen es sauber im Land, ihr Traum sind 83 Millionen reinrassige Stiernacken.

Zur Erinnerung: Es braucht keine Million fremder Gesichter, um seine Verachtung zu mobilisieren. Die Randale in Hoyerswerda vor dreißig Jahren war nur der Auftakt zu einer Reihe blutig rassistischer Übergriffe. Damals reichten schon ein paar Hundert »Undeutsche«, um den Mob zum Kochen zu bringen.

Klar, auch das hat sich herumgesprochen: Die Migranten sind nur *ein* Grund für das Unglück jener, die vom germanischen Reinheitswahn nicht lassen können. Der nächste heißt Globalisierung, die verbreitet Ängste, reißt Grenzen ein, spielt sich kosmopolitisch und international auf: und hängt ab. Und Verlierer sind verführbar, und jeder, der als Sündenbock taugt, ist hochwillkommen. Und der Schwächste in einem Land, der Fremde, ist der willkommenste Sündenbock.

Man wette darauf, dass der Glücksquotient der notorisch Mürrischen nicht bemerkenswert steigen würde, wenn alle »Schuldigen« verschwänden. Die Stinklaune bliebe, und so müsste man sich auf die Suche nach neuen Bösewichten machen. Was für ein Scheißleben.

Wenn ich ihnen zusehe beim Hassen und Brüllen, sehe, wie sie dem Ruf der Horde folgen, dann frage ich mich, ob Deutschland mir jetzt näher ist oder sich von mir entfernt. Wohl näher. Weil das, was ich (trotzdem) liebe, besudelt wird. Und Mitgefühl produziert Wärme. Ich mag ebenfalls ein sauberes Deutschland und radikal entnazifiziert mag ich es am liebsten.

Ich bin meinem Land schon deshalb zugetan, weil wir ein parlamentarisches Regierungssystem geschafft haben. Es ist natürlich wie alles, was mit Geist zu tun hat, gefährdet. Geht es in die Brüche, dann bekommen wir wieder einen starken Mann. Beruft sich der Rachsüchtige zudem auf einen Allmächtigen (Herr H. fühlte sich von der »Vorsehung« beschützt), müssen wir uns erst recht Sorgen machen: Unzählige werden sich aufs Neue bereit erklären, für Landesfürst und Himmelsfürst das eigene Leben wegzuwerfen. Und das der anderen.

Dass offiziell die Trennung von Kirche und Staat stattfand (inoffiziell wird weiterhin da und dort gemauschelt), ist noch ein Grund, Deutschland hochleben zu lassen. Jede

Aktion, die Machtkartelle spaltet, ist ein Segen für die Menschheit.

Schon erstaunlich, wie mühsam es ist, jeden Menschen zur Menschenwürde zu überreden. Zu überzeugen, dass sie nicht nur ihm, sondern auch den Übrigen zusteht. Dass sie unantastbar sei, klingt wie eine ferne Mär. Etwa acht Milliarden befinden sich augenblicklich auf dem Planeten. Ob alle täglich ihre angemessene Ration Würde beziehen, das Grundnahrungsmittel, ohne das keiner über die Runden kommt?

Spotlight: Ich bin in der U-Bahn einer Großstadt unterwegs. Ein Mann kriecht auf seinen beiden Beinstümpfen durch den Mittelgang, um eine Spende bittend. Das wäre die erste Entwürdigung: dass einer im stinkreichen Europa so überleben muss. Aber das reicht nicht. Die meisten daddeln sorglos auf ihren Handys weiter, als der Alte an ihnen – unüberhörbar, unübersehbar – vorbeizieht.

Man schließt zuweilen die Augen. Um die Minuten auszuhalten.

Das geht durchaus: sein Land schätzen und dennoch im Ausland leben. Wie ich. Schon lange. Irgendwie finde ich das hip. Auf jeden Fall hipper, als in ein und demselben Kaff auf die Welt zu kommen und sie dort wieder zu verlassen. Klingt das arrogant? Von mir aus, doch der Mensch braucht Abwechslung. Sonst vergrindet er.

Da die deutsche Sprache jenes »Teil« Deutschlands ist, das mich am innigsten mit ihm verbindet, ja, ich blindlings verliebt bin in sie, spielt Entfernung keine Rolle. In modernen Zeiten kann ich sie überall hören, überall lesen.

»Wer kennt England, der nur England kennt?«, heißt es. Der Blick auf das eigene Land fordert Distanz. Dann sieht man die Unterschiede, sieht auf das, worauf man nie verzichten möchte, und das, worum man die anderen beneidet. Jedes Werturteil besteht aus Vergleichen. Venedig ist ein Traum, weil Chongqing ein Albtraum ist. In den Schwarzwald verschaut man sich, weil man Landschaften aus Beton im Kopf abgespeichert hat. Das Schöne wird sichtbar, weil das Hässliche existiert. Wäre alles schön, gäb's nichts Schönes. Wäre alles hässlich, wüssten wir nicht, was das ist. Würde die Erde nur aus Deutschland bestehen, wir Deutschen hätten keine Ahnung von uns.

Der Mensch muss raus, muss weg, er soll von der Welt wissen und lernen: die intelligenteste Voraussetzung, um ein kosmopolitischer Patriot zu werden.

Jeder hat seine Gründe, warum er Deutschland lobt. Ich bin jetzt tapfer und verkünde, dass mich die Titel eines Fußballweltmeisters, eines Autoweltmeisters und eines Exportweltmeisters nicht in freudigen Irrsinn treiben. Früher habe ich dagegen gemault, wenn die Massen in den Stadien tobten. Inzwischen bin ich milder geworden. Aber ja, sie sollen sich amüsieren. Solange sie nicht »Neger raus« und »Schwule Sau« schreien, bin ich durch und durch tolerant. Dennoch, ob die Deutschen am weltmeisterlichsten einen Ball in ein 7,32 breites und 2,44 Meter hohes Gehäuse knallen, noch ehrlicher: Nicht vieles ist mir so piepegal.

Als ich auf einer Amerikareise nach Orlando kam und dort Disneys »Magic Kingdom« besuchte und entdecken durfte, dass Deutschland von drei Bierkrüge schwingenden Lederhosendodeln »repräsentiert« wurde, war ich beleidigt. Ich muss kein »great, greater, greatest Germany« vorgeführt bekommen, doch ein Trio Besoffener als Quintessenz meines Landes, das ist ein starkes Stück.

Dann kam die Jahrtausendwende, und die Amerikaner machten es wieder gut: Albert E., der Große, wurde – die Konkurrenz war kolossal – vom *Time Magazine* zum »Mann des 20. Jahrhunderts« gewählt. Und Johannes G., das andere Genie aus einer früheren Zeit, wurde zum »Mann des Jahrtausends« bestimmt.

Ich war beruhigt. Und hochgestimmt, ja, gerührt. Ich schwärme immer von Deutschland, wenn sein Name im Zusammenhang mit Scharfsinn auftaucht. Wenn seine Geschenke an die Welt zur Entdeckung dieser Welt beitragen. Und wenn es Warmherzigkeit – so geschehen 600 Jahre nach Gutenberg – beweist und einer knappen Million Frauen und Kindern und Männern, die vor Tod und Teufel flohen, eine erste Unterkunft gewährt. Wie sagte es Marek Halter, der Schriftsteller aus Paris: »Gut ist, was Menschen hilft zu leben, und böse, was sie daran hindert.«

Ich rede so (auch) aus eigennützigen Motiven: Vielleicht geht es mir eines Tages dreckig, und jemand läuft mir über den Weg, der mir keine Moralpredigt hält, sondern etwas zum Essen herausrückt, ja, sich nach einem Platz zum Schlafen für mich umhört. Das Leben funktioniert nur, zumindest auf Dauer, wenn ich – in den Zeiten, in denen ich stark bin – bereit bin, mich vom Unglück eines Unbekannten bewegen zu lassen. Nur nehmen, das endet früher oder später, eher früher, ungut.

Jede Heldentat generiert hässliche Nebenwirkungen. Ich weiß um die Komplexität des Themas, ich weiß, dass manche die Gastfreundschaft missbrauchen und niederträchtige Taten begehen, ich weiß, dass manche lügen und ihr Leid erfinden, ich weiß, dass so mancher Nachhilfeunterricht in Menschenrechten und zivilisierter Grundordnung benötigt.

Das ändert nichts an der Großtat, die irgendwann in den Geschichtsbüchern stehen wird. Um bis ans Ende der Welt zu leuchten.

Noch ein Absatz zur Eindeutigkeit. Im Französischen gibt es den Begriff »angélisme«, in dem das Wort »Engel« steckt.

Wer davon befallen ist, redet wie ein himmlisches Wesen, immer von Reinheit und Naivität getrieben, immer bereit, nichts von den dunklen Schatten in uns, in uns allen, wissen zu wollen.

Unmissverständlich: Wen Not heimsucht, weil seine Heimat in Flammen steht, weil ein Krieg wütet, weil eine Bande blutrünstiger Gangster regiert, weil irgendein Wahn zur Jagd auf Homosexuelle anstiftet: Der hat jedes Recht auf Schutz. Gerade in Deutschland, das über mehr Geldhaufen und Geltung verfügt als (fast) alle anderen Nationen. Und dieses Land – jetzt kommt die Gegenleistung – hat das Recht, dass jeder, der von dieser Hilfestellung profitiert, die »Spielregeln« akzeptiert: dass wir uns mitten in Europa befinden, wo Frauen so viel gelten wie Männer, wo Eros auf Verführung beruht und nicht auf Zwang, wo religiöse Zeloten und ihr Geschrei nach einem »Gottesstaat« nicht geduldet werden, wo Eigeninitiative – wie die neue Sprache lernen wollen, wie die Neugier auf die neue Umwelt – ein hochgeschätztes Gut ist.

Wer das als Flüchtling mitbringt, der soll willkommen sein. Nein, er muss sich dafür nachts nicht in Schwarz-Rot-Gold wickeln, nicht jede halbe Stunde »Ich liebe Deutschland« schmettern, nicht pausenlos und demütig »Thank you« flüstern. Doch er sollte verstehen, dass ein Gastgeber einen friedlichen Gast erwarten darf.

Die Zahlen sprechen für sich: So viele der Flüchtlinge wissen das, sind guten Willens. Und die »anderen« Deutschen, die nicht grundsätzlich die Nichtdeutschen hassen und die penetrant auf ihrer Menschenfreundlichkeit bestehen, wissen das auch. Ich höre gern von ihnen. Sie erinnern uns daran, wie wir sein könnten. Wären wir nur seltener vernagelt, seltener verbittert, seltener gefroren in unserer Herzenskälte.

Das ist fraglos sexy: jemandem – ohne Pose, ohne Ergriffenheit über sich selbst – ein bisschen das Leben zu erleichtern. Für Momente sein Ego wegzupacken, ja, sich dabei zu beobachten und festzustellen: Hilfsbereitschaft erhöht die Lebensfreude. Das scheint genetisch – neben dem Gen der Gewalt – in uns Menschlein zu sein: teilen wollen. Nicht gleich fifty-fifty, aber etwas.

Jetzt ist Zeit für eine kleine Geschichte. Ich muss sie erzählen, weil ich in einer bekannten Wochenzeitung las, dass laut einer Umfrage 41 Prozent der Einwohner der Ex-DDR glauben, dass man sich heute, im 21. Jahr des 21. Jahrhunderts, »nicht freier ausdrücken kann als vor 1989«, sprich, nicht freier als im ersten deutschen Arbeiter- und Bauernstaat. Sogleich fiel mir ein Satz des französischen Mathematikers und Philosophen René Descartes ein: »Nichts auf der Welt ist so gerecht verteilt wie der Verstand. Jeder glaubt, genug davon zu haben.« Der Aphorismus ist 400 Jahre alt und noch immer brandaktuell.

Nun die Story zum Thema Redefreiheit, ja, Handlungsfreiheit in der »Deutschen Demokratischen Republik«: Im Sommer 1981 kam ich mit dem Zug aus Polen nach Görlitz, ein Aufenthalt von zwei Stunden war vorgesehen, bevor es weiterging nach Berlin. Wir durften alle die Waggons verlassen und ins Bahnhofsrestaurant gehen. Ich brauchte Ostmark, wollte in Ostberlin Bücher kaufen. Der Schwarzkurs war mindestens viermal höher als der offizielle. Da ich wusste, dass sie hier an Devisen interessiert waren, legte ich demonstrativ einen DM-Hunderter auf den Tisch, fuhr nachlässig mit den Fingern darüber und suchte den Blick der Kellnerin, als sie näher kam. Sie verstand sofort, fragte nach der Bestellung, notierte und flüsterte blitzschnell: »Toilette!«

Nach ein paar Minuten war sie hinter der Tür mit dem WC-Zeichen verschwunden, ich schlenderte nonchalant hinterher und verschwand mit ihr im (abschließbaren) Damenklo.

Etwas Unglaubliches passierte, das schlagartig offenbarte, dass sie sich in großer Gefahr wähnte. Sie fing zu zittern an, aber so heftig, dass sie ihre beiden Hände nicht mehr kontrollieren konnte. Sie presste sie zusammen, krallte sie ineinander. Als wollte sie verhindern, dass sie zu flattern beginnen, ja, irgendwo anstoßen und unser Versteck preisgeben. Mit ihrem Kopf, der ihr noch gehorchte, deutete sie auf ihre rechte Hosentasche. Für elegantes Fragen und Bitten war augenblicklich keine Zeit, ich griff hinein, zerrte vier Scheine hervor, alle blau und mit Rauschebart Marx, steckte sie ein, zog den meinen blauen heraus, mit dem Porträt des feingliedrigen Sebastian Münster, hielt ihn ihr vor die Augen, sie nickte, und ich verstaute ihn bei ihr. Jede Bewegung schnell und konzentriert. Dann lauschen, dann hinaus und ins Wirtshaus. Theresa blieb noch, die Angst musste erst ihren Körper verlassen. Es dauerte, bis sie zurückkam.

Noch ein letzter Gedanke zu dem hübschen Wort »Vaterland« (die Engländer sagen »motherland«, ähnlich hübsch). Vorweg eine kurze Episode: Als ich durch Palästina reiste, kam ich nach Jenin, Stadt im Norden. Mittendrin sah ich ein seltsames Denkmal, ein alter Steinbrocken, auf dem stand: »In memory of the fallen German airmen«, zur Erinnerung an eine deutsche Fliegerstaffel, die in den Jahren 1917/18 die Ottomanen (die Türken) im Kampf gegen aufständische Beduinen unterstützte. Die Namen von getöteten Zwanzigjährigen (!) waren eingemeißelt. Ich las sie mehrmals, um zu spüren, was sie bedeuten: dass kriegslüsterne Befehlshaber – hier deutsche – bisweilen gern ein Blutbad nehmen und dafür das Leben anderer vernichten. Und dass Zwanzigjährige, statt den Generälen die Pickelhaube durch die Schädeldecke zu rammen, sich mit einem Hurra auf den Lippen vernichten lassen.

Ich nicht. Ich habe schon mit siebzehn den Wehrdienst verweigert. Viel später werde ich bei Sartre den Spruch finden: »Ich kann weder befehlen noch gehorchen.« So klug konnte ich es als Halbwüchsiger nicht sagen, doch der französische Schriftsteller musste auch mich gemeint haben. Ich pariere nur, wenn der andere mit der Kalaschnikow vor meiner Nase fuchtelt, ansonsten bleibe ich bockig. Muhammad Ali hat es vorgemacht, er widersetzte sich dem Einsatz in Vietnam. Mit dem so intelligenten Hinweis, dass er niemanden totschießen wollte, der ihn noch nie einen »Nigger« genannt hatte. Und wanderte ins Gefängnis. Ich brauchte nicht tapfer wie er zu sein. Ich sagte nein, simulierte ein Gebrechen, und die Sache war erledigt.

Natürlich würde ich töten. Jeden, der mein Leben und meine Freiheit bedroht. Oder das von Frauen und Männern, die mir nahestehen. Sollte ich den Mut haben. Für Großdeutschland eher nicht. Ich bin grundsätzlich taub für Politiker, die hetzen. Warum Abermillionen ihr eigenes Leben zuschanden machen, weil einer sie aufheizt? Hier steht die Antwort: In Vietnam, in der Nähe von My Lai, wo amerikanische Soldaten ein Massaker begangen hatten, traf ich Jahre später Dick, einen Veteranen, der für eine NGO arbeitete. »Als Wiedergutmachung«, meinte er trocken. Irgendwann fragte ich ihn, wie er sich erklärt, dass sich Hunderttausende hierher transportieren ließen, um Leute zu killen, deren Land und Existenz den meisten vorher völlig unbekannt waren. Und Dick, eher besonnen und überlegt: »We were stupid, just fucking stupid.«

Das klingt rasant, doch Dummheit allein reicht nicht, um Armeen zum Massenmord zu überreden. Irgendeine Art Hypnose muss dazukommen, die eine unbeschwerte Vaterlandsliebe in mörderischen Fanatismus umfunktioniert. Wir Deutschen wissen, wie das abläuft. Bei Dick und Kameraden war es die Hypnoselüge »Kommunismus«, vor dem Amerika plus die ganze Welt geschützt werden sollte. Sie kostete knapp 800 Milliarden Dollar, ein paar Millionen Tote und Krüppel und einen verlorenen Krieg. Dennoch, dieses monströse Gräuelmärchen nicht zu durchschauen hat gewiss auch mit geistiger Trägheit zu tun.

Die Liebe zum eigenen Land ist immer gefährdet. Wie jede Liebe. Einige sind grundsätzlich bereit, sie zu schänden. So wäre ein cooler Patriot nebenbei noch ein cooler Verfassungspatriot. Das ist ein Bürger, der sich auf die Werte der Demokratie beruft, auf Meinungsfreiheit und gegenseitigen Respekt. Eine Art Zivilreligion, die ohne Herrgott auskommt, aber nicht ohne Hirn: um eine Gemeinschaft mit humanistischen Grundregeln zu organisieren. Das ist ein anstrengendes Geschäft. Wer sein Land liebt wie ein redlicher Liebhaber, wird sich nicht drücken, wird dafür kämpfen, dass uns weder religiöse noch andere Dunkelbirnen zurück ins Mittelalter treiben. Im Notfall mit Gewalt kämpfen. Ich bin kein standhafter Pazifist. Es gibt höhere Ideale als Frieden: Freiheit, ein Beispiel.

Noch wurde keine Liebe erfunden, die umsonst zu haben ist.

Eine anrührende Szene passt hierher: Ich saß in meinem Pariser Café, als zwei Leute neben mir Platz nahmen. Ein älteres Ehepaar aus Deutschland, wie sich bald herausstellte. (Ich lausche immer.) Ossis, mitten aus Sachsen. Voller Überschwang redeten sie von dem, was sie bisher gesehen hatten. Wir kamen ins Gespräch, und plötzlich fingen die beiden zu weinen an. Vorsichtig fragte ich nach, was der Anlass der Traurigkeit sei. Nein, sie seien überhaupt nicht traurig, nur überwältigt: weil sie nun frei seien und reisen dürften, ja, Paris besuchen.

Nachspiel: Ach ja, Freiheit. Das Deutschlandlied hat seine heiklen Zeilen. Nun denn, irgendwann im 19. Jahrhundert wurden sie geschrieben. Doch »Deutschland, Deutschland über alles/Über alles in der Welt« klang noch heikler nach Auschwitz. Nein, es klang furchtbar. Wie fehlerlos folglich die Entscheidung, nach der Wiedervereinigung nur mehr die dritte Strophe zu singen. So fängt sie an:

Einigkeit und Recht und Freiheit
für das deutsche Vaterland!
Danach lasst uns alle streben
brüderlich mit Herz und Hand!

Zugegeben, das Ohr muss sich erst an die Inbrunst gewöhnen. Aber der Inhalt, der kann sich hören lassen: Einigkeit und Recht und Brüderlichkeit, das klingt fantastisch. Nur her damit.

Das Glück des Augenblicks: Sahara

Ich saß im Kino und sah »Der Fremde«. Die berühmte Erzählung Albert Camus', verfilmt von Luchino Visconti. Mit dem schönen Marcello Mastroianni und der wunderschönen Anna Karina. Die Geschichte spielt in Algier, und ich verliebte mich in die Stadt, die Ufer entlang des Meers, das ganze Land.

Der Hauptdarsteller des Buchs ist ein gewisser Arthur Meursault, der »fremd« bleibt in der Welt, weil kein Mitgefühl ihn trägt. Sogar seiner Freundin Marie gegenüber zeigt er Ungerührtheit, ja, selbst nach dem Töten eines anderen ist er nicht fähig zur Reue. Ein gleichgültiger Mensch.

Jahre später kam ich nach Algerien. Und die Realität hielt, was meine Träume versprochen hatten. Umso mehr, als ich zuerst durch Tunesien und Marokko gereist war und bisweilen vor Zorn platzte, da unfähig, der penetranten Verfolgung durch Händler und Schnorrer zu entkommen. Nicht hier. Man blieb höflich und auf angenehme Weise distanziert. Algerien war offiziell eine »sozialistische« Republik.

Was immer das bedeuten mag, für einen Reisenden verhieß es nur Gutes.

Von Algier fuhr ich in den Süden, nach Tamanrasset, knapp 2000 Kilometer fern. Auf der Busfahrt, tage- und nächtelang, lernte ich zwei französische Freundinnen kennen. Eine seltsame Erfahrung, denn die eine, Corinne, bekam Probleme, bekam Bauchschmerzen, Fieber, Schüttelfrost, und Féline und ich pflegten sie. Was uns näherbrachte.

Bisher so simpel, die Geschichte. Doch ab der Stunde, in der die Kranke wieder gesundete, wurde es bizarr: Corinne giftete gegen mich, von Dankbarkeit kein Schimmer, eher Bosheit und wütende Eifersucht. Auf Féline.

Das war die Zeit, in der ich angefangen hatte, »loslassen« zu trainieren. Ich ließ Féline los, schon bekümmert, aber bestimmt verwundert über die einen, die andere besitzen wollen. Ich war nicht anders, doch ich wollte anders werden. Es sollte dauern.

Die beiden flogen zurück nach Frankreich, und die Sahara gehörte mir allein. Ich vermute, ich bin ein unsozialer Reisender, da überzeugt, dass man gewisse Zustände besser für sich erlebt. Nur für sich. Weil nichts und keiner ablenkt. Weil kein Selfie-Tropf im Weg steht und die Sicht blockiert. Weil kein Einziger plappert. Weil man so ausschließlich sein kann. Was so selten gelingt.

In Tamanrasset fand ich Moussa, den Targi mit den eleganten Händen. Er besaß einen Range Rover und kannte sich aus. Wir vereinbarten einen Preis und zogen los. Richtung Hoggar-Gebirge, etwa sechzig Kilometer nördlich. Manchmal durfte ich ans Steuer. Die Gefahr eines Unfalls schien gering zu sein, immer gab es Millionen Quadratmeter, um auszuweichen.

Wüste, die Lieblingsgegend. Und Moussa, mein Mann in Algerien, der kaum redete und zuvorkommend war. Sein

Blick, mitten aus seinem blauen Schesch, verstrahlte Ruhe und Umsicht.

Der Hoggar ist fast so groß wie Frankreich, ein Hochplateau aus Vulkangestein. Seine bizarren Erhebungen erinnern an den Grand Canyon in Arizona. Ungenaue Erinnerung, denn hier ist alles mächtiger, höher und, so will ich es glauben, geheimnisvoller. Wer hier durchfährt, wird still und selig.

Ich habe nur ein Ziel, den Berg Assekrem, etwa 2800 Meter hoch. Die einen wollen aufs Meer, die anderen in Landschaften voller Wälder, und wieder andere, ich auch, wollen in die Wüste, wo es von alldem nichts gibt. Doch das Nichts macht ruhig, es ordnet, löst Zutrauen aus. Wüste ist Zen: Du starrst ins Leere, und es erfüllt dich. Warum das so ist, wer wüsste die Antwort.

Moussa findet fünf Quadratmeter Schatten, hier wird er warten. Er sagt kein Wort, kein Angebot, als Guide mitzugehen. Wie ich das schätze. Ich mag Männer, die spüren. Er weiß, dass ich jetzt allein sein will.

Der Aufstieg ist leicht, nur dem Hinweisschild entlang, nur die blaue nackte Sonne. Ein paar Laute, nicht laut, unmöglich zu wissen, von welchem Tier sie kommen. Ein leiser Nachmittag, irgendwo auf der Welt. Nur mein Herz begleitet mich, es schlägt unüberhörbar. So treu. Ich lebe.

Etwas unterhalb des Berggipfels steht die »Ermitage«, eine Hütte aus groben Steinen, ein paar Meter lang, ein paar Meter breit, rechteckig wie eine Schachtel, darüber das flache Dach. Radikal einfacher kann ein Mensch nicht wohnen.

Hier lebte die letzten Jahre seines Lebens der in Straßburg als Graf geborene Charles de Foucauld. Und hier wurde er am 1. Dezember 1916 getötet. Mit knapp sechzig, und was er in dieser Zeit erfahren, getan und ausgehalten hat, ist eine Sensation. Der Franzose ist der Grund, warum ich hier bin.

Eine kleine Übersicht: Mit sechs wird er Waisenkind, der Großvater mütterlicherseits übernimmt die Erziehung. Wegen »Faulheit und asozialem Benehmen« fliegt der Siebzehnjährige vom Gymnasium der Jesuiten. Auf einer staatlichen Schule schafft er das Abitur. Mühsam. Er geht auf eine Offiziersschule, kassiert in 24 Monaten 45 Strafen, seine Taten: »Ungehorsam, Trägheit und Nachlässigkeit«. Mit mäßigen Noten besteht er die Abschlussprüfung. Er wird nach Algerien – damals französische Kolonie – verlegt und nach drei Jahren unehrenhaft aus der Armee entlassen. Gehorchen passt ihm nicht, und sein Verhalten ist »anstößig«.

Das hat Gründe. Mit zwanzig erbt Charles ein Goldfranken-Vermögen und er verschleudert es, mit falschen Freunden und echten Nutten. Er will feiern und nicht dienen. Das Fass zum Überlaufen bringt sein Zusammenleben mit Marie Cardinal, die offiziell Schauspielerin ist und nebenberuflich »une mauvaise vie« führt, das wäre eine Edelkokotte, die sich gern nach reichen Herren umsieht. Er kann nicht lassen von ihr. Sogar in der Kaserne wird er mit ihr ertappt. Er muss packen. Das reicht noch nicht: Selbst die eigene Familie entmündigt ihn.

Er reist mit der Schönen durch Nordafrika und erfährt von einem Aufstand gegen die Kolonialherren. Sein Leben ändert sich. Er verlässt »Mimi« und wird wieder Soldat. Er kämpft und fällt erneut auf, jetzt mutig und tapfer.

Bald kommt er zur Besinnung, er erkennt die ungeheure Anmaßung, Frauen und Männer totzuschießen, die um die Unabhängigkeit ihres Landes kämpfen. Er gibt Helm und Flinte ab und sattelt auf Forscher um, lernt Hebräisch, interessiert sich für den Islam, durchzieht Marokko, schreibt ein Buch darüber und wird berühmt.

Die nächste Drehung. Aus dem Atheisten wird ein Gläubiger, er tritt dem Orden der Trappisten – berüchtigt asketisch – bei, wird in Palästina und Syrien eingesetzt, lässt sich zum Priester weihen und geht zurück nach Algerien.

»Seliggesprochene« – diese wunderliche Ehre erfährt Foucauld ein knappes Jahrhundert später – bleiben mir eher fremd. Ich glaube auch nicht, so behaupten die Seligsprecher, dass derlei Zeitgenossen sich anschließend – nach dem zeremoniellen Abrakadabra – im »Paradies« befinden. Die Idee vom christlichen Märchenland hoch droben, sie klingt für jeden – ist er nur bereit, die Wirklichkeit auszuhalten – pathetisch, ja, absurd.

Doch bei Foucauld verhält es sich anders. So anders. Denn er vermeidet zuallererst die grausige Todsünde: missionieren. Nie sucht ihn der Wahn heim, dass sein Gott herrlicher und triumphaler sei als jener der anderen. Sein inniges Streben soll sein, sich um jene zu kümmern, die wenig oder nichts besitzen. Nicht mit Moralpredigten und dubiosen Weissagungen, nein, konkret, mit Nahrung, mit Kleidung, mit tätigem Mitgefühl. »Un frère universel« will er sein, ein »aller Welt Bruder«. Jedem mit Wärme und Respekt zugetan.

Schon klar: Die Liebesfähigkeit eines Menschen hat nichts mit seinem Glauben zu tun. Auch Ungläubige laufen auf dem Globus herum, die sich auffällig menschenfreundlich benehmen. So ein Leuchten ist diesem Mann oder dieser Frau zu eigen, fernab allen spirituellen Gebläses. Es ist eine Begabung, ein Gen, das sich ausdrücken will, ja, muss. Wie tanzen, wie schreiben, wie auf den Mount Everest klettern.

So auch bei Foucauld. Aber in ihm schlummern noch andere Talente. Er tritt als Vermittler auf, um zwischen den Stämmen und der französischen Armee zu schlichten. Ein hartes Brot, wenn man bedenkt, wie hartnäckig und grausam Frankreich an der Illusion festhielt – es gibt so viele Trugbilder –, dass Algerien sein Eigentum sei.

Und zuletzt, geradezu grandios: Der Mann entwickelt sich zum linguistischen Genie. Schon in der Zeit haltloser Orgien kaufte er kistenweise Bücher. Was für ein Hunger nach Körper und Geist. Nun lernt er Tamascheq, die Sprache der Tuareg, erarbeitet ein mehr als 2000 (!) Seiten dickes Wörterbuch, eine Mühe für Maßlose, gab es doch kaum etwas Schriftliches, alles wurde oral weitergegeben. In einem voluminösen Band sammelt er zudem die Gedichte und Geschichten dieses Volks.

Am 1. Dezember, mitten im Ersten Weltkrieg, der auch die Sahara nicht verschont, wird er von einem Trupp Senussi – die Todfeinde der Besatzer – erschossen. Eher aus Versehen, panikartig, denn geplant war, ihn gefangen zu nehmen, um ihn am Kontakt mit seinen kriegerischen Landsleuten zu hindern. Wie aberwitzig, Foucauld wäre der Letzte gewesen, der verräterische Informationen mit Leuten teilt, die seine (zweite) Heimat ausbeuten.

Sonderbarer Anfang, sonderbares Ende: Meine Nähe zu Algerien fing mit Arthur Meursault an, dem Antihelden in Camus' »Der Fremde«, der sich um keinen scherte. Und ich finde einen, der sich wie wenige um andere sorgte.

Ich setze mich an den Rand des kleinen Plateaus. Und schaue auf die Welt. Irgendwann fängt die Sonne an unterzugehen, goldfarbene Lichtadern ziehen durch die Luft. Ich bin allein und wunderbar einsam. Ich liebe das. Als Heimat zählt auch die Einsamkeit, nein, nicht die, die das Herz auffrisst, lieber die andere, jene, in der nichts fehlt, die alles hat, die tatsächlich beschützt.

Irgendwo hier wird Foucauld wohl gesessen haben, als er notierte: »Die Aussicht übertrifft in ihrer Schönheit alle Worte und Vorstellungen. Welch ein Wunder!« Präziser kann man es nicht verschweigen. Sprache muss jetzt still sein, so überwältigt, so sprachlos.

MUSIK

Die ewige Fehde: Wem gehört die Krone der höchsten Kunst, der Literatur oder der Musik? Ich vermute, dass die Schreiber den Titel für sich beanspruchen und die Musiker ganz anderer Meinung sind.

Wie immer der Kampf auch endet, eines ist gewiss, den einen Geniestreich hat die Musik der Sprache voraus: Sie muss nicht übersetzt werden. Ob Broker in London, ob Reisbauer im Mekongdelta, ob Barbesitzer im australischen Outback, ob Diamantensucher im Transvaal, ob Boxweltmeister aus der Bronx oder Standesbeamter in Quakenbrück, ob queer oder einbeinig, ob ziemlich doof oder ziemlich hell, sie alle müssen nichts machen, nichts organisieren, nichts wissen, nichts lernen, nichts können. Nur sein. Und Musik fährt in ihr Herz und versetzt sie in jeden menschenmöglichen Zustand. Schier unheimlich.

Literatur schafft das auch. Doch nur, wenn der »Empfänger« sie versteht, sie in seiner Sprache auftaucht. Und: Der Mensch bereit ist, sein Gehirn zu strapazieren. Und das

Gehirn imstande ist, die verschiedensten Wörter und Begriffe miteinander zu verbinden, ja, »da« zu bleiben, sich zu konzentrieren. Er, der Leser, kann nicht lesen und nebenbei Kartoffeln schälen – was bei Musik durchaus geht. Er, der Leser, muss Geld hinlegen für einen Text – bei Musik ist vieles umsonst. Er, der Leser, muss (geistig) beharrlich sein – während Musik ganz ohne sein Zutun weiterspielt. Er, der Leser, muss wissen und erkennen wollen – was bei Musik nie verlangt wird.

Literatur schmiedet den Verstand, die kognitiven Fähigkeiten, die Intuition. Musik erledigt etwas anderes: den Rest, den ungeheuren. Wie ein Blitz fällt sie über uns her und braucht dabei kein einziges Wort.

Bin ich der passende Autor für dieses Kapitel? Eher nicht. Als Macher bin ich durchgefallen. Und als Musikkonsument? Da finden sich gewiss Kompetentere. Denn eine unüberhörbare Talentlosigkeit plagt mich. Ein Defekt, den mir mein Musiklehrer am Gymnasium freundlicherweise gleich schriftlich mitteilte: »Schüler Altmann ist unmusikalisch.« Hätte es damals das Netz gegeben, hätte ich wortgenau nachlesen können, was die Fachwelt darunter versteht: »Die Amusie ist die Unfähigkeit, trotz intakter Sinnesorgane Tonfolgen und/oder Rhythmen zu erkennen und diese vokal oder instrumental wiederzugeben …« Viele, erfährt man noch, erleiden einen solchen Mangel nach einem Schlaganfall. Ich gehöre zu den auserwählten vier Prozent, die schon bei Geburt fehlerhaft auf die Welt kamen. Immerhin merkte ich, wenn ich haarscharf neben der Tonspur unterwegs war. Dann hörte ich – schüchtern grinsend – auf. Man will ja nicht stören.

Ich werde mich folglich hüten, neunmalklug über Musik zu schwadronieren. Doch ich will erzählen, was Musik bei mir als Kind, als Halbwüchsigem, als Unglücklichem, als Loser, als Aufholendem, als Liebhaber, als Reporter und Mann auslöste. Wie sie mich indoktrinierte, wie sie mich tröstete und mitriss, wie sie mir fremd blieb und mich überforderte, wie ich an ihr scheiterte, wie sie an meinen Nerven zerrte und ich von nichts anderem mehr träumte als von Stille, wie sie mich überrollte und ich in Tränen ausbrach, wie ich jeden Tag jeden beneidete, der nur den Mund aufmachen musste – oder ein Instrument anfassen –, und Töne kamen zum Vorschein, die Seligkeit und Hysterie entfachten.

Aber ja, jeder Schreiber will auch Rockstar sein, nicht immer vor lieben Damen in Buchhandlungen sitzen und halblaut vor sich hinmurmeln, er will auch einmal über die Bühne fetzen, in die Mikrofone jaulen und das Volk, so jung, so strahlend, in den Wahnsinn treiben.

Von Anfang an: Wiegenlieder hörte ich keine. Mutter wusste keins. Sie sang auch falsch, wie der Sohn. Doch der tiefere Grund, so erfuhr ich eines Tages, war ihre Traurigkeit. Über ihr Leben, über den Mann, über das Kind, das eine Tochter hätte sein sollen. In der Schule las ich später »Alles still in süßer Ruh« von Hoffmann von Fallersleben, dem berühmten Lehrer, der auch das Deutschlandlied geschrieben hatte. Da hieß es: »Alles still in süßer Ruh,/Drum, mein Kind, so schlaf auch du!/Draußen säuselt nur der Wind: Su, susu! schlaf ein, mein Kind!«

Aber nein, bei uns wurde nicht gesäuselt, wurden nie »ruhige, einschläfernde Melodien« gesummt. Sich »wiegen« kam nicht infrage, einträglicher war: auf der Hut zu sein.

Musikalische Veranlagung allein reicht nicht, um Musikalität zu entwickeln. Intensive Förderung, so die Musikpädagogik, ist ebenfalls unabdingbar. Im konkreten Fall: Die Gabe fehlte mir, und nirgends der Wille, das Talent – selbst die Vierprozentigen besitzen ein bisschen davon – zu fördern. Mutter konnte nicht, Vater wollte nicht. Ein Haus ohne Lieder.

Jahre nichts, kein Klang, an den ich mich erinnere. Dann der Religionsunterricht. Mit dreißig anderen brüllte ich »Großer Gott, wir loben dich«. Elf lange Strophen, darunter: »Du, des Vaters ewger Sohn, hast die Menschheit angenommen,/Bist vom hohen Himmelsthron zu uns auf die Welt gekommen,/Hast uns Gottes Gnad gebracht, von der Sünd uns frei gemacht.« Ich war klein und dämlich und fand das Gebrüll befreiend. Ich wusste noch nicht, dass ich zu keiner Art von Götzenverehrung tauge.

Heute grinse ich, wenn ich das lese, »… von der Sünd uns frei gemacht«, und an die dortigen Pfaffen denke, von denen ein paar als Kinderprügler und Kindsmissbraucher tätig waren und die bis an ihr Ende weder vom großen Gott noch sonst jemandem dabei gestört wurden.

Die Pubertät kam, die Eitelkeit, die vielen *bad hair days*. Und die Wut, auf alles. Jetzt fing Musik an zu beschwichtigen: den Weltschmerz und die Wunden nach dem täglichen Krieg mit den Erwachsenen. Das war die Zeit, in der ich zu klauen begonnen hatte. Doch mit den Scheinen konnte ich keinen Plattenspieler kaufen. Wo ihn verstecken, um keinen Verdacht zu erregen?

Vater besaß ein Gerät, aber es stand verschlossen in einem Schrank. Musik war Leichtsinn, somit verboten. Zudem hieß Musik hören »dem Herrgott den Tag stehlen«, nochmals verboten.

So viel später würde ich durch Afghanistan reisen und an den Checkpoints der Taliban vorbeikommen. Da hingen links und rechts dicke Bündel herausgerissener Kassettenbänder, daneben der Hinweis, dass es sich um »Teufelsmusik« handle, gewiss unzumutbar für Allah.

Ich fand einen Zweitschlüssel. War Vater außer Haus, schloss ich auf und entdeckte die paar Platten, die Mutter – längst verjagt – dagelassen hatte. Seltsam, nur ein einziger

Titel blieb mir im Gedächtnis: »Wenn es Nacht wird in Paris«, heute so radikal vergessen wie Caterina Valente, die Sängerin, die damals ein Megastar war.

Ich weiß nicht mehr, wie oft ich das Lied aufgelegt habe. Wobei ich nie wirklich begriff, was der Text sagen will, hier die erste Strophe: »Dreh dich nicht um nach fremden Schatten/Dreh dich nicht um und bleib nicht steh'n/Lass die fremden Schatten stumm vorübergeh'n/Dreh dich nicht um nach fremden Schritten/Dreh dich nicht um nach ihrem Klang (…) Wenn es Nacht wird, wenn es Nacht wird in Paris«.

Handelt es sich um den Rat einer Eifersüchtigen, die ihren Freund zur »Zurückhaltung« mahnt, ihn auffordert, nicht der Versuchung durch andere Frauen in Paris nachzugeben? Noch geheimnisvoller jedoch hörte sich das Wort »Paris« an. Selbst in dem Kral, in dem ich aufwuchs, hatte man schon davon gehört. Natürlich kannte ich niemanden, der je dort gewesen war. Doch jener Dreiklang Paris – Nacht – Frauen erschien mir als der Inbegriff von Leben und Traum und Unerreichbarkeit. Wie ein rätselhaftes Reich von Schönheit und Sinnlichkeit, das äußerste Gegenteil von dem, was mich umgab.

War es damals, dass ich, der Sechzehnjährige, beschloss – vollkommen unbewusst, denn bei klarem Kopf daran zu denken hätte ich nie gewagt –, eines Tages in dieser Stadt leben zu wollen? Dass ich das Chanson nur heimlich hören durfte, erhöhte wie selbstverständlich die Erregung.

Ist das ein Geheimnis der Musik? Weil man von ihr überwältigt wird und sich nicht wehren kann? Weil der Grund des Überschwangs eher unergründlich ist? Liest man einen Text, lässt sich irgendwie erklären, wieso man hinterher leicht zittert. Bei Musik nicht, sie überflutet dich, und du weißt nicht, wie dir geschieht.

Pete Townshend: Als ich jünger war, habe ich Musik als Farbe wahrgenommen und das Leben als grau.

Ein Jahr später passierte etwas, was mir heute absurd erscheint, aber mir damals so drängend erschien, so – das Wort ist wohlüberlegt –: lebenswichtig. Ich fasse mich kurz, denn ich habe an anderer Stelle schon einmal darüber berichtet.

Der Kral wurde unerträglich: Die Gewalt des Alten, die maßlose Scheinheiligkeit, die schmutzigen Übergriffe der ortsansässigen »Gottesmänner«, deren bevorzugtes Ziel es war, jeden Ausdruck von Lebensfreude mit Schuld und Sühne zu besudeln, dazu meine feige Unfähigkeit, wie ein Held das Kaff anzuzünden, um die Leichen und ihren Leichengeruch zu verscheuchen, das alles ließ mich mein Hirn vergessen und – eine Band gründen. Ein Bandleader, der keine sieben Töne fehlerlos nachsingen konnte und der sich – mit überirdischem Fleiß – zehn Griffe auf der Gitarre angeeignet hatte, flüchtete in die Musik. Um dort eine neue Heimat zu finden, eine himmelblaue, ganz ohne lieben Schreckensgott hoch droben und ganz ohne bösen Teufel tief unten. Musik als Serum gegen den Sermon der Aasgeier, die das Leben fledderten.

Doch diese Heimat wollte mich nicht. Die Gruppe hieß *The Aim*, und ein oder zwei Lichtjahre vor dem Ziel war der Traum zu Ende. Wir vier Schießbudenfiguren gingen auseinander, und niemand weinte uns nach. Nicht einmal ein Aufatmen, nur lautloses Verschwinden, sonst nichts.

Noch minderjährig gelang mir dann die Flucht. In ein Internat, wo ich wieder eine Band zusammenstellte. Ist das nur Blödheit oder Einsamkeit, eben das schwerwiegende Gefühl, dass ich noch immer nichts gefunden hatte, wo ich hingehörte: nicht zur Familie, nicht in den Geburtsort, nirgends eine Begabung, nichts. Aber nichts reicht nicht. Der Mensch hungert nach etwas, wo er anlegen kann. Irgendetwas.

Muss ich es noch hinschreiben, dass ich hochkantig rausflog? Immerhin, der Wahn von mir als begnadete Heulboje war nun vorbei. Ich schlich ins Pfandhaus und verkaufte die Gitarre.

Jahre später würde ich lesen, dass Unmusikalität und mathematische Dürftigkeit oft gemeinsam auftreten. Sehr wahr. Im 12. Gymnasialjahr hatte ich meinen rechnerischen Tiefpunkt erreicht, alle Klassenarbeiten lieferte ich als leeres Blatt ab, Durchschnittsnote: sechs Komma null. Eine Talentlosigkeit kommt selten allein.

Nach dem Abitur zog ich nach Salzburg. Ich ging in Mozarts Geburtshaus und erfuhr dort, dass er als Fünfjähriger zu komponieren angefangen hatte und bald danach seine ersten Konzerte gab. Okay, verstanden. Erstaunlich nur, wie lange es für manche (mich auch) dauert, um in der Wirklichkeit anzukommen. Sich von einer Sehnsucht loszusagen, deren Erfüllung einmal dafür sorgen sollte, einer zu sein, der bewundert wird und nach dem andere sich sehnen: Das ist ein schmerzhafter Kraftakt, für den man mehrere Anläufe braucht, um ihn zu meistern.

Schon möglich, dass ich es mit letzter Anstrengung zu einem mittelmäßigen Musiker in einer mittelmäßigen Band geschafft hätte. Jene armen Wichte, die ein halbes Jahrhundert durch Klitschen tingeln und noch im 51. Jahr auf ihren Durchbruch warten. Aber in der Kunst gibt es kein mittelmäßig, du bist entweder formidabel oder du bist nichts. Ein mittelmäßiger Beamter oder Dachdecker kommt unbeschadet über die Runden, ohne täglich von seinem Ego drangsaliert zu werden. Ein Künstler nicht. Die Wunde des Versagens heilt nicht, heilt nie.

Ich war im *bull age* angekommen, das ist die Lebenszeit, in der man aus einem Penis und dem Rest des Körpers besteht. Ich hatte aus dem Desaster einer nicht stattgefundenen Karriere gelernt und begann, Musik als Mittel zum Zweck zu begreifen. Der Vorsatz war so eindeutig: in die Nähe von Frauen zu kommen. Langsam dämmerte mir, dass sie, die so Begehrten, genauso heftig erregbar waren wie wir Männer, genauso erpicht auf Leidenschaft. Doch ihre Sinnlichkeit funktionierte anders. Nicht so schnell, so stürmisch, so zielgerichtet. Sie brauchte ein gewisses Ambiente, Wärme, etwas, das mithalf, die ihnen angezüchtete Panik – geil sein heißt nuttig sein! – zu vergessen. So griff ich nach Musik. Nicht nach Alkohol, was ich für billig und unfair hielt. Jemanden halb betäuben, um ihn zu verführen, das sollten Prolos erledigen.

Jetzt fing Musik an, mich zu beschenken. Da ich inzwischen – dank endloser Geduld von Könnern – passabel tanzen konnte, entstand eher mühelos jenes »Umfeld«, das Frau und Mann nahebringt: das diskrete Licht, der Slow und – viel folgenreicher: Elvis Presleys »Love me tender« oder »To love somebody« von den Bee Gees. Oder eine von tausend anderen Schnulzen. Und kam es irgendwann zum ersten Kuss, nickte ich unmerklich und voller Dankbarkeit für die Schützenhilfe der Unsterblichen. Ginge es gerecht auf der Welt zu, dann müssten – vor allem Männer – nach jeder Nacht Tantiemen an die jeweils »im Hintergrund« tätigen Künstler überweisen.

Nein, Musik war nun keine verfehlte Heimat mehr, gewiss aber eine Art magisches Aphrodisiakum für beide: um das Sehnen nacheinander zu beschleunigen.

Natürlich waren es nicht die Lyrics der Songs, die eine Geliebte dazu verlockten, sich hinzugeben. Denn Elvis' Refrain – »For my darling, I love you/And I always will« – stand schon in Tonnen von Schundromanen, und Barry Gibbs Behauptung – »I want my life to be lived with you« – hätte auch ein Metzgersohn bei seiner Verlobten geschafft. Nein, es waren die Melodien, die auf so unbegreifliche Weise das »Über-Ich« einlullten und dafür sorgten, dass der weibliche Körper »wahr« wurde, entwaffnet durch Musik, befreit von bürgerlicher Wohlanständigkeit. Der Körper tat, wonach ihn verlangte: nach Hitze, Zartheit, Entschiedenheit und Bewunderung. Zogen die einen jahrhundertelang den Leib und sein Begehren in den Dreck, so gab Musik ihm seine Schönheit zurück.

Ich war versöhnt. Später würde ich Männer treffen, die an einer Karriere als Musiker scheiterten (ich wette, sie waren begabter als ich) und Taxifahrer wurden. Und blieben. Ich wurde das auch, doch kam eines Tages davon. Ich zerbrach nicht an meiner Talentlosigkeit, ich gestand sie am Ende ein, ging in eine andere Richtung los und nahm das mit, was mir Musik überließ: ihren Zauber, mit dem ich – ich musste nur einen Schallplattenspieler bedienen können – andere verzauberte.

In schwachen Stunden wurde ich rückfällig und sentimental, dann beamte ich mich ins Mittelalter und war schneidiger Troubadour, trat mit Mandoline und meinem ganzen Schmalz vor die hohe Frau, die sich zehn Stände über mir befand, aber irgendwann dahinschmolz und diskret das Taschentuch fallen ließ. Das entscheidende Signal. Und wir zwei hinauf ins Turmzimmer hasteten und – durch eine hochgezogene Kettenbrücke geschützt – den Versuchungen des Teufels erlagen.

Mit der Zeit wurde mir klar, dass Träume (denen man tagsüber nachsinnt) nicht immer – nach dem »Erwachen« – eine abscheuliche Enttäuschung bereithalten, ja, dass sie bisweilen auf witzige Weise zu Hilfe kommen, um die Realität hinzunehmen.

Mitte zwanzig las ich Bücher über die Shoah. Vielleicht, weil mein Vater Mitglied der SS gewesen war, vielleicht aus tausend anderen Gründen. Ich stieß auf das Mädchenorchester von Auschwitz, 1943 gegründet. Sogar Bestien lassen sich von Musik anrühren. Maria Mandl – Oberaufseherin im Frauenlager, intelligent, verroht und nach dem Krieg verurteilte und gehängte Massenmörderin – setzte sich vehement für dessen Gründung ein.

Die jüdischen Häftlinge aus verschiedenen Ländern spielten zwischen fünf und sechs Uhr auf, um den Abmarsch der Arbeitskolonnen zu begleiten. Und wieder um 20 Uhr, wenn die Zwangsarbeiter zurückkamen. Auch zu den Appellen gab es Orchesterbegleitung. Um die »Moral« der Gefangenen zu stärken. Um mit Schwung die Arbeit anzutreten, die sie früher oder später vernichten würde. Selbstverständlich wurde lautstark musiziert, wenn NS-Bonzen zu Besuch kamen oder persönliche Wünsche der Schergen erfüllt werden mussten. Dann gab es ein Ständchen in den Privatquartieren. Mengeles Lieblingsstück war »Träumerei« von Robert Schumann.

Was Musik alles kann. Sogar vor einem schnellen Tod bewahren. Die Frauen und Mädchen waren in Sicherheit vor den Gasöfen. Die meisten überlebten tatsächlich bis zur Befreiung. Weil sie als Künstler gebraucht wurden und Musik sie durch die infernalen Jahre behütete. Eine letzte Heimat, nur virtuell, nur Töne, nur Klang. Und eine Geige oder Flöte oder ein Cello als wundersame Waffe gegen den Irrsinn auf Erden.

Die bekannteste Leiterin der etwa fünfzig Musikerinnen war Alma Rosé, Konzertgeigerin, Tochter einer berühmten Dirigentenfamilie, Nichte von Gustav Mahler. Ab Juli 43 in Auschwitz, mit der tätowierten Nummer 50 381. Sie spielte auch abends, heimlich, vor ihren Mitgefangenen.

Um die Ausweglosigkeit zu verdrängen. Die eigene, die aller.

Ein polnischer Intellektueller, der bald nach Hitlers Inferno in Stalins Gulag-Hölle landete, meinte, nachdem er als Nahtoter entlassen worden war: »Im Lager gibt es keine Menschenliebe, das wäre wie Kölnisch Wasser in einem Schlachthaus.« Man sei zu sehr mit dem schieren Überleben beschäftigt, da bleibe kein Gramm Herzenswärme für den Nächsten.

Ich weiß es nicht. Ich war nicht dabei. Aber nach einem grausigen KZ-Tag sich von der Pritsche aufzuraffen und im Namen der Menschenwürde für alle in der Baracke Chopins – einer von Almas Lieblingskomponisten – Nocturne cis-Moll zu spielen: Das ist ein Akt der Liebe, ein Geschenk für jeden.

Vielleicht doch nicht für jeden. Acht Monate nach ihrer Deportation starb die 37-Jährige, vergiftet. Zwei Thesen existieren: entweder Selbstmord – eher fraglich, da sie nicht unmittelbar gefährdet war – oder von einer Aufseherin getötet. Aus Neid auf ihre Kunst, ihre Schönheit, ihre Privilegien? Bekamen Orchestermitglieder doch Seife, durften Unterwäsche (!) tragen, erhielten die doppelte Essensration.

Schön und einzigartig zu sein, was für zweischneidige Göttergaben.

Cut! Nach dem Hohelied auf die Musik wird es Zeit für eine Seite *music bashing*. Um von den Augenblicken zu erzählen, in denen man sie verflucht, nichts von ihr hören will, sie der letzte Ort ist, an den man flüchten will, ja, von ihr als Heimat nur albträumen kann. Ich erinnere mich an eine Szene aus »Elvis«, dem John-Carpenter-Film mit Kurt Russell, in dem der Superstar in einem Hotelzimmer sitzt, seinen Revolver holt, auf den Fernseher zielt und abdrückt. Damit die Idiotenmusik aufhört.

»Ohne Musik«, meinte Nietzsche, »wäre das Leben ein Irrtum.« Das unterschreiben sogar Gehörlose. Aber ohne Stille noch ein Trugschluss. Viele Male biedert Musik sich an, führt sich auf wie ein zudringlicher Verehrer, von dem niemand wissen will. Hier ums Eck bei meinem Pariser Supermarkt, da herrschte einst geschäftiges Treiben, Frauenstimmen, Männerstimmen, Gelächter. Doch vor Kurzem ist der musikalische Rinderwahn ausgebrochen. Hip-Hop aus der Dose sucht jetzt die Kundschaft via fünfzig Lautsprecher heim. Musik aus Blech, produziert von Herren, die sich bei Konzerten gern in den Schritt greifen, um zu demonstrieren, dass musikalische Armseligkeit und Uneleganz unbedingt zusammengehören.

Ich bin nach zehn Minuten wieder draußen, aber die Angestellten werden acht Stunden pro Tag gepeinigt. Dazu kommt, dass das Programm selten gewechselt wird, folglich die immer selben Hottentottereien zum Nachdenken über die Absurdität des Lebens einladen.

Ist das modern? Modern Shopping? Ist das Sadismus vonseiten der Direktion? Ist es, wie so oft, der penetrante Mangel an Sensibilität?

So habe ich es gelesen: »Musik ist eine Kunstgattung, deren Werke aus organisierten Schallereignissen bestehen.« So sei es. So bleibt nur die Frage, wonach klingt der Schall. Klingt er nach dem Weltwunder »Earth Song« von Michael Jackson oder instrumentalisierter Scheiße. Studien belegen, dass Musik Empathie sowie soziales Verständnis unter Zuhörern fördern kann. In dem Fall nicht. Eine kleine Umfrage meinerseits bei Verkäufern in Läden (das wären fast alle), in denen gnadenlos Personal und Kundschaft von Dauerbeschuss schikaniert werden, ergab – vereinfacht – drei Reaktionen: Die Unglücklichen sind aufs Blut genervt und leiden, die Glücklichen schaffen es, irgendwann nichts mehr zu hören, und die Letzten – sie haben die Kontrolle über ihr Leben verloren – lechzen danach, dass es 2400 Minuten pro Arbeitswoche »Bum, bum, bum« in ihren inzwischen leer geräumten Köpfen macht.

Unsereins – Schallallergiker und hilfloses Würstchen – muss Überstunden leisten. Da es immer länger dauert, ein Café zu finden, in dem sich keine Gerätschaft befindet, mithilfe derer man über die Tische hinweg trompeten kann, wo kein Musikantenstadl quäkt, kein Potpourri – wörtlich übersetzt: ein Pott Verfaultes – die Ohren quetscht, in dem man einfach nur sitzen, lesen, denken, schreiben, zuhören und reden kann. Wie bescheiden, wie unfassbar anspruchsvoll.

Bei Yahoo zahle ich einen saftigen Jahresbeitrag, um meinen Mailaccount von Werbemüll frei zu halten. Vielleicht kosten Kaffee und Kuchen bald das Doppelte, um den Eintrittspreis für Stille zu begleichen.

Ich habe das absolute Gehör für Krach. Ich habe ein absolutes Gehör für Stille.

Man ist als Freiwild unterwegs, nirgends Deckung in Sicht. Selbst der öffentliche Raum gehört jetzt den Ruchlosen. Fußgängerzonen sind heikle Gefilde, denn an jeder dritten Ecke steht jemand, der ich auch hätte werden können: einer mit Klampfe, einem Dutzend Akkorden und wenig Zukunft. (In meiner Jugend flötete es vor jedem bundesdeutschen Karstadt »El cóndor pasa«, geblasen von zehn Peruanern, die wahrscheinlich irgendwo zwischen Koblenz und Plattling aufgewachsen waren.)

Sitzt man draußen auf einer Terrasse und will wieder an das Gute, Wahre und Schöne glauben, hält ein schwerhöriger Zuhälter in seinem Cabrio an der zehn Meter entfernten Ampel, und aus dem Autoradio brüllt ein Rapper »Fuck you! Fuck you! Fuck you!« in die Welt. Ich habe keine Ahnung, ob tatsächlich ein Zuhälter – auch andere tragen protzhässliche Rolex-Uhren – am Steuer saß und tatsächlich ein Rapper uns wissen ließ, dass wir uns doch besser selbst ficken sollen, egal, das Gute, Schöne und Wahre hatte sich einmal mehr verabschiedet.

Die nächsthöhere Schmerzgrenze war jedoch erreicht, als ich frisch operiert in der Metro saß – der Rücken noch wund vom Skalpell, der Kopf noch blöd dank einer Batterie von Medikamenten – und eine Frau mit Akkordeon den Waggon betrat und sich anschickte, sopranschrill »Je ne regrette rien« zu intonieren. Mir fiel ein, dass ich so manches in meinem Leben bereute. Ich bewegte mich nicht, jede Bewegung hätte das Dasein nur verschlimmert. Jetzt wurde ich nochmals aufgeschnitten, diesmal ohne Narkose. Musik als Keule. Mit Dornen aus Titan, die sich mitten ins Herz bohrten.

Die Anekdote zeigt, dass selbst Musik, die man mag – im konkreten Fall die Chansons von Piaf –, im falschen Moment nur verdrießlich stimmt. Weil der Mensch die passende Stimmung braucht, um empfänglich zu sein. Und wenn er das ist, dann bleibt immer noch die Frage, für welche Art von Musik, zu welcher Stunde? Verschmust, verjazzt, verrockt oder geil auf *trash metal*? Oder will er gerade genau das ganz andere, eben nichts hören, nur die Luft, nur den Herzschlag, nur die ruhigen, die beruhigenden Gedanken in seinem Kopf? Oder gar nichts? Auch das wäre sein verdammtes Menschenrecht.

Um auf den alten Wettstreit zurückzukommen, welche Kunst – Literatur oder Musik – sich näher dem Olymp befindet: nicht zu beantworten, nicht objektiv. Doch beider Leidensfähigkeit muss enorm sein. Denn Sprache kommt nicht weniger grausam und weniger oft unter die Räder als Musik. Millionen Tonnen Schund überfluten die Regale, Bücherberge, denen man wünscht, dass ihre Autoren lebendig darunter begraben würden. Man stelle sich vor: Statt

»Muzak« abzuspielen – so nennen die Amerikaner das bei uns als »Aufzugsmusik« verrufene Getingel –, läse jemand laut, via Technik, aus Paulo Coelhos Werken vor. Das ginge dann so: Im höchsten Wolkenkratzer der Welt (in Dubai) hören die Ausgelieferten – 163 Etagen rauf und runter und gefangen auf vier Quadratmetern – eine endlose Serie von unübertrefflichen Idiotismen wie: »Vielleicht brauchen die Frauen die Männer nötiger als die Männer die Frauen« oder, zwanzig Sekunden später: »Es ist gut, etwas Langsames zu tun, bevor man im Leben eine wichtige Entscheidung trifft« oder, nun bei Stockwerk 100: »Es ist schwieriger zu verändern, was draußen ist, als das, was drinnen ist« und zuletzt – schon schreit man um Hilfe ob der betörenden Grausamkeiten – eine Gedankenperle von himmlischen Gnaden: »Die wichtigsten Begegnungen sind von den Seelen abgemacht, noch bevor die Körper sich sehen.«

Wer das Erdgeschoss im Vollbesitz seiner geistigen Kräfte erreicht, darf sich etwas einbilden. Dagegen ist Metallicas »For Whom the Bell Tolls« eine 200-Dezibel-Schönheit. Freddie ist tot, Amy ist tot, wann aber schlägt Paulos letzte Stunde?

Man sieht, alle beide – Musik und Literatur – kann es hart treffen. So soll auch hier gelten, was Tucholsky, der Formidable, notierte: »Leben heißt aussuchen.« Wer das versteht, dem werden Bücher eine irdische Herrlichkeit nach der anderen schenken und den wird Musik von einer Wonne in die nächste tragen. Sie gehören zu den grandiosesten Erfindungen, die sich die Menschheit ausgedacht hat.

Himmel ja, ich – nur Schreiberling – muss die Heldentaten der Musik wohl eingestehen. Hier noch zwei Beispiele, die von ihrer monumentalen Wucht erzählen: Während der Blockade von Leningrad (heute Sankt Petersburg) durch die deutsche Wehrmacht – September 41 bis Januar 44 – starben etwa 1,1 Millionen Einwohner, die meisten an Hunger. Soweit die Barbarei.

Jetzt die Kehrseite. Auch Dmitri Schostakowitsch, einer der drei, vier großen Komponisten der Sowjetunion, befand sich in der Stadt, war der Feuerwehr zugeteilt und schrieb nebenbei an seiner berühmten 7. Sinfonie. Als sie am 9. August 1942 mit einem bereits dezimierten Orchester aufgeführt wurde, blieben die Zuhörer sitzen. Bis zum Ende. Obwohl das Geheul der Luftschutzsirenen draußen durch die Straßen fegte. Lieber sterben als jetzt davonrennen. Musik als ultimative Heimat. Mächtiger als Todesangst. Ohnegleichen.

Und das noch, nicht blutrünstig, dafür heiter und voller Swing, selbst wenn in erster Mission tätig: Ich war in jenen Wochen dabei, bevor Mandela nach 27 Jahren Zuchthaus seine Zelle auf Robben Island verlassen durfte. Durch jede Gasse südafrikanischer Slums schallte damals »Free Nelson Mandela«. Ein Kampflied, komponiert von einem Weißen, von Jerry Dammers, einmal Mod, dann Hippie, dann Skinhead, doch immer Antirassist und leicht crazy, zweifelsfrei erkennbar an dem halben Dutzend Zähne, die ihm mitten im Gebiss fehlen. Weltberühmt wurde der Song im Juni 1988, als im Londoner Wembley Stadium ein gigantisches Konzert zu Mandelas 70. Geburtstag stattfand. Dieses Lied, die anderen Lieder und dieses weltweit ausgestrahlte »biggest and most spectacular pop-political event of all time« halfen fraglos mit, dass das Geburtstagskind achtzehn Monate später entlassen wurde. Musik als Synonym für Freiheit: die phänomenalste Heimat von allen.

Was Musik so kann: den Kuss in einer Liebesszene begleiten. Droge sein in dunklen Zeiten. Ganze Leben retten. Eine Stimme für jene sein, die schweigen müssen. Ein mürrisches Herz besänftigen. Vierjährige zum Tanzen verführen. Einen Helden befreien.

Und sie kann noch etwas: in den schönen Aberwitz treiben. Hier die letzte Geschichte. Sie geschah in New Orleans, Louisiana. Ich saß im *Kaldi's*, dem damals coolsten Café in der Gegend. Ich hatte gerade ein Interview mit David Duke hinter mir, dem Ex-Chef des Ku-Klux-Klans. Ich war bedient und brauchte eine Stärkung. Obwohl sich New Orleans im bigottesten Bundesstaat Amerikas befand, wo man mit Inbrunst Juden, Schwule und Schwarze verachtete, hatte sich die Stadt selbst ein Flair von Weltläufigkeit und *easy-going* bewahrt.

Unübersehbar an diesem Ort: Hier saßen die schiefsten Typen, Poeten, Wünschelrutengänger, Tätowierer, totenstille Nachdenker, begnadete Stubenhocker, unberührbare Leser und durchaus taktvolle Schnorrer, die sich zuerst leicht verbeugten und erst dann um eine Spende baten, »to get over the day«.

Marian sprach mich an. Sie trug einen Koffer mit Voodoo-Artikeln mit sich herum, sie fragte, ob ich Interesse hätte. Ich kaufte eine »worry doll«, eine *Sorgenpuppe*, ein Säckchen, in das der Geplagte seinen Kummer packt und unters Kopfkissen legt. Über Nacht würden die Voodoo-Geister die Ängste entführen und verschwinden lassen. Ich liebe diese Art von Brimborium, vollkommen nutzlos, aber garantiert erheiternd.

Wir plauderten, Marian sprudelte vor Weltwachheit, Neugier und nervöser Freude am Leben. Diejenigen, die nichts davon abbekommen haben, nannte sie »complainers and stickers«, die maulen und kleben bleiben, die Trägen also, die greinen und sich nicht rühren.

Marian, als Teenager hierher aus Brasilien gezogen, war hauptberuflich »ritualistic priestess«, Voodoo-Priesterin. Als sie mich für den Abend einlud, sagte ich sofort zu. Ich hatte in Kuba und Nigeria an ein paar Sitzungen teilgenommen und es nie bereut. Ich glaube an keinen »jenseitigen« Beistand, doch die Show ist unbezahlbar.

Als ich um 22 Uhr eintraf, war alles bereit. Wie in anderen Voodoo-Tempeln sah es hier aus wie in einem überfüllten Devotionalienladen, scheinbar wirr durcheinander und dicht gedrängt: ein See von brennenden Kerzen und dazwischen Bilder und Statuen christlicher Heiliger, ein Dutzend Mal die katholische Jungfrau, eine Hundertschaft Schamanen, die Orisha-Götter der Yoruba, wildfremde Gottheiten, Rosenkränze wie dicke Spinnweben, ein Foto von Che Guevara neben dem blutenden Herzen Jesu, Christbaumlämpchen, Gläser voll mit Weihwasser oder Parfums, der süße Rauch von Räucherstäbchen, schwarze Puppen, hell glitzernde Münzen, Geldscheine, Nüsse, Reis, Ingwerknollen, Kruzifixe, eine Bacardi-Flasche und genau in der Mitte des Raums ein ausgebreitetes Leintuch, auf dem verschiedene Früchte lagen und eine Schale mit blauer Flüssigkeit: Symbol für das Meer, die endlose Weite als Aufruf zur Toleranz.

Marian bat mich, mein Hemd auszuziehen und auf dem weißen Tuch Platz zu nehmen. Was immer nun geschehen würde, ich solle vertrauen, denn sie werde die wohlgesinnten Himmelskräfte anrufen. Wenn ich guten Willens gekommen sei, so könnte ich unbeschadet von dieser Begegnung profitieren. Und wäre der einzige Profit ein bescheidener Zuwachs an Liebesfähigkeit.

Wir waren insgesamt fünf, außer uns beiden noch drei ihrer Mitarbeiter, zwei Männer, eine Frau, alle junge Musiker und alle »Initiierte«. Um mich zu entspannen, reichte mir Marian eine Tasse »Uva Ursi«-Tee (was für ein Name!), vermischt mit etwas »Wildrose«. Der Rotwein als weiteres Mittel zur Beruhigung der Nerven gedacht.

Dann legten die vier los. Aber wie. Nicht zehn Liter Schnaps hätten mich besänftigt, hätte ich gewusst, was hier ausbrechen würde: Nissim trommelte auf die Conga, Luis auf die Djembe, Nikki wirbelte die Glocken. Und Marian lüftete eine Decke, unter der zwei Riesenschlangen lagen, sich erhoben und sich – der Beelzebub steh mir bei! – Jambalaya, der männliche Python, um meinen Hals ringelte, und Marian mit Erzule, der weiblichen, zwischen den Händen zu tanzen begann. Während ich mir einbildete, das Zischen von Jambalaya an meinen Ohren zu vernehmen und ich – trotz Uva Ursi und Alkohol – vollkommen unentspannt darauf wartete, dass er mir den Brustkorb staucht, ließen Nissim und Luis krachend ihre Instrumente fallen, griffen nach Schwert und Machete und hauten drauflos, durchhauten Zentimeter neben dem Schlangenkopf und meinem Schädel die Luft, rotierten um uns beide, das kraftstrotzende Tier und das schmale Menschlein, und versuchten wie von Sinnen fuchtelnd – so erfuhr ich später –, die »bad spirits« zu vertreiben: unterstützt von der Glocken schlagenden, im Kreis rennenden Nikki und angetrieben von Marian, der Erzule umarmenden, der laut hinauf in den Himmel trällernden, mit Sprüngen von einem Ende des Zimmers zum anderen jagenden Hohepriesterin. Alle zusammen produzierten eine feuergeladene Vehemenz, die mir helfen sollte, »to let go«, *loszulassen.*

Aber ich ließ nicht los. Die Furcht vor Säbeln und Schlangen saß hartnäckig tief. Andererseits wusste ich um die Power einer ekstatischen Umgebung, wusste aus Erfahrung, dass ich nicht unbegabt war für Zustände, in denen das Hirn wegflog und nichts blieb als der euphorisierte Körper.

Bis nach Mitternacht hielten die Sprudelfrau und ihre Freunde durch. Bis der Tempel kochte und ich schweißglänzend endlich in Trance fiel, zu weinen, dann zu schluchzen begann, noch mitbekam, wie die vier nach meinem Leib griffen und ihn festhielten. Weil er jetzt rasant zu zucken anfing, durchaus die Gefahr bestand, dass er kopflos und mit Wucht gegen irgendeinen nächsten Gegenstand knallte. Dieser Augenblick, dieses Beben und Zappeln, so glauben die Voodoo-Anhänger, ist die Stunde, in der die bösen Geister, die Bosheit eben, die Missgunst und Tücke aus einem herausfahren.

Ach, was wusste ich schon. Nur so viel: dass ich um drei Uhr morgens federleicht in ein Taxi stieg. Und dass nichts – kein Dämon, kein heimtückischer Spirit – mich hinderte, unbeschwert wie eine Ratte einzuschlafen. Aber ja, die Niederträchtigkeiten und schlechten Launen würden zurückkehren. Doch sie alle auf einmal loszuwerden – und wäre es nur für eine Weile – war eine spektakuläre Neuigkeit.

Unfassbar, was Musik an Freuden, an Unendlichkeiten und lichterlohen Sensationen uns schenkt. Sogar die Panik vor monströsen Kriechtieren kann sie lindern. Manchmal überkommt mich der abstruse Gedanke, wie es wäre, wenn es keine Musik gäbe. Keine Note schwebte durch die Lüfte, keine Melodie wärmte unser Herz, kein Singsang erinnerte uns an die Geliebte, an den Liebsten. Würden wir dann leben wollen? Ach, wie einsam wäre die Welt.

Das Glück des Augenblicks: München

München, na ja. Dieser Lederhosenbarock, dieser Dialekt, den an Gräulichkeit nur noch das Sächsische überholt, dieser Grüß-Gott-Voodoo, diese bierbauchige Selbstgewissheit. Muss nicht sein.

Über fünfzehn Jahre lebte ich dort, und das soll reichen für die nächsten fünfzehn Ewigkeiten. Je Heimatgefühle? Nicht dass ich mich erinnerte. Ich hätte abhauen können, aber nicht einmal dazu war ich fähig. Ich musste erst meine Niederlagen abarbeiten, alle: Rastlos war ich vor Ort als Versager beschäftigt, als Mensch, als Liebhaber, als Berufstätiger. Ich ließ nichts aus, um mir jeden Tag zu beweisen, dass ich in diesem Leben scheitere.

Niemand vermag eine Stadt zu lieben, die er mit den Augen eines Losers wahrnimmt. München ist somit unschuldig an meiner Verdrossenheit. Dennoch, es war Wut auf den ersten Blick. Und daran hat sich nichts geändert. Wir zwei mögen uns nicht, auch wenn ich heute Lichtjahre entfernt vom damaligen Lebensgefühl unterwegs bin.

Jetzt muss die ganze Wahrheit raus. Und die weiß von einem der allerherrlichsten Momente, der – unglaublich – mitten in München passierte. Nicht nur, dass er Tsunamiwogen an Heiterkeit auslöste, nein, er zeigte ebenfalls, dass Glück so unendlich viele Wurzeln haben kann.

Was war geschehen?

Ich befand mich mit Freunden in einem Schwabinger Café. Angenehme Zeitgenossen mit Esprit. Einen Tisch weiter saß ein Mann, allein, er saß so, dass er von allen – sicher war das ein Punkt seiner Strategie – im Raum gesehen werden konnte. Der Typ war eine Sensation. Die perfekte Wiedergeburt von George »Beau« Brummell, dem englischen Dandy, der Anfang des 19. Jahrhunderts die männliche Eitelkeit erfunden hatte: so gestylt, so pomadisiert, so auserlesen bis in alle zehn Fingerspitzen gepflegt, nein, soigniert. Angetan mit einer meisterlich geschnittenen Wildlederjacke, darunter der Kaschmirpullover, darunter das weiße Hemd, von dem nur der italienische Kragen und die teuren Manschettenknöpfe zu sehen waren, ein hell getupftes Halstuch aus Seide, eine graue Flanellhose, die tagelang polierten Schuhe, vermutlich Maßarbeit.

Er war mindestens 1,80 Meter groß, und sein Kopf war für alle, die mit einem anderen leben mussten, eine Zumutung: die hohen Backenknochen von Helmut Berger, die Augen von Marlon Brando, die dunklen Haare im Paradies gesponnen. Ihn betrachten tat weh. Das schien ihn zu begeistern, denn jedes Teil an ihm – zumindest das Sichtbare – zeigte er triumphierend der Welt.

Was ihn so einmalig machte – neben seinen zwei Quadratmetern Oberfläche, deren tägliche Instandhaltungskosten sicher genügten, um Afrika 24 Stunden lang zu ernähren –, war sein Habitus, sein Da-Sein. Auf eigenartige Weise gewiss beneidenswert. Träumen wir doch alle davon, die innere

Stimme zum Schweigen zu bringen, die uns so lästig daran erinnert, was da und dort und überhaupt an uns verbesserungsbedürftig wäre.

Nicht George. Sein Blick in die Runde war wunderlich eindeutig. Die Botschaft an die Männer lautete: Tut mir leid, dass ihr alle wie krummbeinige Gnome neben mir ausseht! Und die Einladung an die Damen: Hier bin ich, der griechische Halbgott, seht euch satt an mir!

Fast alle schauten auf ihn, die einen offen und haltlos, die anderen verstohlen mit verdrehten Augen. Der Zieraffe war ein Weltwunder, so einen bekommt man nur einmal pro Leben präsentiert. Er war völlig eins mit sich. Er wusste um seinen Status und stellte ihn gnadenlos zur Schau. Ich vermute, wir alle bewunderten und verachteten ihn – gleichzeitig. Für das, wofür wir ihn beneideten, und für das, was er uns antat – selbst den Frauen, denn er war jetzt der Star: So aussehen und so vermessen hochmütig mit dieser Gabe der Götter umgehen, das war schamlos, eine Sünde, ja blasphemisch. Er war hemmungslos, frei von Skrupeln, keinen Deut bemüht um Diskretion.

Über eine Stunde litten alle Anwesenden an seiner Übermacht.

Doch dann wurde Hölderlins uralte Weisheit – »wo aber Gefahr ist, wächst das Rettende auch« – wundersam wahr. Das Unerwartete trat ein, das Schicksal schlug zu, das Unfassbare kam uns zu Hilfe: Wieder wippte der Stutzer mit dem Stuhl, mondän an seiner Zigarette (mit Spitze!) ziehend, wieder ziehend, immer genießend und berauscht von sich, von George, vom Schönsten weit und breit. Und dann, ja, dann krachte es, urplötzlich, aus dem Nichts, aus heiterem Himmel, und alles ging rasend schnell: Die Holzlehne splitterte gräulich laut, und unser Weltmann, der just noch als *sexiest man on earth* aufgetreten war, versuchte verzweifelt, nicht auf dem Boden zu landen, griff nach dem Tischtuch, riss es herunter, kam tatsächlich für den Bruchteil einer Sekunde auf die Beine, konnte sich jedoch – heftig schwankend im Wirbel seiner frenetischen Bewegungen – nicht halten und flog mit dem Oberkörper voraus aufs Parkett, lag endlich – man kennt dieses Bild aus amerikanischen Filmen, die in Afrika spielen – wie ein Bärenfell auf dem Fußboden, alle vier Extremitäten von sich gestreckt, vorne der nun rote Schädel mit dem wild durcheinandergeratenen Haupthaar und irgendwo das Tischtuch, irgendwo weiter entfernt das zerschmetterte Kaffeegeschirr.

George, gerade noch unsterblich, lag flach.

Nein, das war nicht der Höhepunkt des Tages, denn der brach erst jetzt aus: Ein Jubeln, ein Taumeln, ein Kreischen, ein hysterisches Japsen hob an, manche legten einen Veitstanz des Triumphs hin, der Service hörte auf, die Kellnerinnen kamen gelaufen, die Chefin hinterher, jeder erhob sich, kam näher, Wildfremde umarmten sich, Frauen und Männer hielten sich schmerzverzerrt den Bauch, heimgesucht von Lachsalven, die unkontrolliert durch ihre Körper jagten, in Nanosekunden hatte uns alle im Raum die Gewissheit erreicht, einem historischen Moment in der Menschheitsgeschichte beigewohnt zu haben: Hochmut kommt vor dem Fall! Moral regiert die Welt! Gerechtigkeit schwebt durch den Kosmos!

Ein maroder Stuhl hatte uns kleinen Leute erlöst. Es gab noch Wunder und Heilung.

Nie vorher und nie nachher habe ich je wieder ein Stündlein erlebt, in dem Menschen so hingegeben, so zügellos, so wahrhaftig und ausschließlich empfanden. Und so lang, so ausdauernd. Georges Absturz kam einer Bombe gleich, die nichts als Ekstase in uns auslöste. Ein Blitzgewitter schlug ein, und aus dem Café wurde ein Tollhaus. Ich sah zwei zur

Tür hereinkommen und sogleich verschreckt umdrehen. Wir waren gerade eine geschlossene Gesellschaft. Schwer auf Drogen, ach, der herrlichsten, die sich erfahren lässt: die der verheerend schönen Lebensfreude. George hatte sie uns geschenkt. Er lebe hoch!

SPRACHE

Über die Bedeutung der ersten Sätze sind wir uns einig. Sie müssen den Leser aller Ausreden berauben, ihm jeden Fluchtweg versperren. Die Wucht soll wie die einer C-130 Herkules sein, die abhebt. Und der Leser sitzt mittendrin und will nur steigen und fliegen. So verdienen Autoren, die den Leser, den von 1001 Versuchungen Gehetzten, gleich zu Beginn ermüden: Strafe. Diebe sind sie, Zeitdiebe.

Im Englischen nennen sie einen Schriftsteller einen »writer«. Wie wenig pompös sich das anhört. Gut so. Denn in diesem Kapitel geht es – unter anderem – nicht um das Alltagsblabla, mit dem wir uns gegenseitig die Ohren verstopfen, nicht um das tägliche Gerede, weder umwerfend noch dringlich. Nein, jetzt wird auch das Geschäft des Schreibers verhandelt, der – wenn er Talent hat und zäh ist – etwas produziert, das so leicht daherkommt und so schwer zu packen ist: Sprache, Schriftsprache, das Ding, das uns bewegen, von der Welt erzählen, ja, uns beim Leben helfen soll.

Das ist ein anstrengendes Unternehmen, ein mutterseelenalleiniges sowieso, eine Ein-Mensch-Expedition. Mit Suchbewegungen, mitten ins Ungewisse. Niemand weit und breit, der neben dem Einsamen sitzt und ihm einflüstert. Manche Schriftsteller – »Schreiber« klingt ihnen zu unspektakulär – sehen das dramatischer. Die Fron und das viele Alleinsein reichen ihnen nicht, sie begreifen sich als Helden, die in der Todeszone unterwegs sind. Das hat etwas Rührendes, einer lässt in einem Interview wissen, dass er »gekonnt am Rande der Verzweiflung balanciert«, ein anderer verwechselt seinen Laptop mit der Eiger-Nordwand: »Während des Schreibens hänge ich über dem Abgrund.«

Deshalb mag ich »writers«, sie wirken bescheidener. Jeden Tag – ohne Murren, ohne Pose – treten sie an. Ein ungleicher Kampf, gewiss: Das Individuum – wörtlich: das Unteilbare – hockt am Schreibtisch, und sein Gegner, die unbesiegbare deutsche Sprache mit ihrem – laut Max-Planck-Institut – monströsen Wortspeicher von 5,3 Millionen Wörtern grinst ihn an, wispert dreckig: »Nimm mich!« Und wenn der Schreiber weiß, wo es langgeht bei seiner Geliebten, dann wird sie herrliche Töne von sich geben: Sprache, das wären Buchstaben wie Lichtadern, die selige Verblüffung beim Leser provozieren. Oder frohgemutes Gelächter. Oder Seufzer, die nach *Wow* klingen.

Die 5,3 Millionen sind ein Problem. Untersuchungen zeigten, dass Leute, die in einem Supermarkt vor drei Kilometer langen Regalen mit Shampoos stehen, depressiv werden. Weil sie nicht wissen, was wählen. Zu viel kann ähnlich unlustig machen wie zu wenig. Der Schreiber kommt auch ins Schwitzen, denn welches von den 5 300 000,00 Angeboten soll er nehmen. Handelt es sich um einen anständigen Schreiber, so hat er sich den Satz – ich habe ihn schon einmal zitiert, aber er ist weltmeisterlich genug, um eine Wiederholung zu vertragen – von Mark Twain in den Hinterkopf gestanzt: »Der Unterschied zwischen dem richtigen Wort und dem beinahe richtigen Wort ist derselbe wie zwischen dem Blitz und dem Glühwürmchen.« Das ist die Kunst und die erste Pflicht des Einsiedlers: sich vom Blitz treffen zu lassen und auf kein Glühwürmchen hereinzufallen.

Jeder Mensch, der von dem Wahn befallen ist, dass andere seine Drucksachen lesen, ja, für seine Gedanken tatsächlich Geld hinlegen werden, sollte wissen: Er bekommt nie Ferien, da er entweder schreibt oder übers Schreiben nachdenkt. Hat er es doch mit einer hungrigen, maßlos fordernden Braut zu tun. Die nur den erhört, der sich als beflissener, höchst pfiffiger Verehrer präsentiert. Wer glaubt, er kann sie mit links, so nebenbei erobern, der wird in der Liga der – auch dafür gibt es im Englischen einen passenden Namen – »minor writers« enden, der minderwertigen Schreiber. In diesem Schlund schmoren all jene, in die nie ein Blitz fährt, die in ihrem Bauchladen keine Sterntaler führen und uns Lesern – was für eine scheußliche Untat – das Allerkostbarste rauben: die Lebenszeit.

Mein Hauptwohnsitz ist die deutsche Sprache, nebenbei wohne ich in Paris.

Nachdem ich ein halbes Leben lang über Sprache nachgedacht habe, fielen mir nicht mehr als zwei Grundregeln ein: das »Reinlichkeitsgebot« und das »Hundertwassergebot«.

Rein, uff, nicht im moralischen Sinn, sondern so: Ein Schreiber soll sich benehmen wie ein tüchtiger Maurer, der sauber Ziegel auf Ziegel setzt, bis das Haus steht. Hinterher hält das Dach, die Fenster schließen, die Lichter leuchten, die Kanalisation bleibt dicht, die Hütte ist – ohne ein Wörtchen Reklamation – bezugsfertig.

Nicht anders bei einem Text, er soll frei (rein!) von Unklarheiten sein, der nächste Satz ist die logische Folge des vorhergehenden. Wie der zweite Ziegel nur sitzt, wenn der erste fein säuberlich platziert wurde. Der Text soll auf logische Weise einen »Sachverhalt« – sei es ein Mord, eine Liebesgeschichte, eine Windhose in Oklahoma – beschreiben. Sodass ein gescheiter Leser auf Anhieb versteht und nicht fünfmal nachlesen muss, da plötzlich Widersprüche und Inkonsequenzen auftauchen, die ungeklärt im Raum stehen. Und dort bleiben, ungelöst. Was nichts als Verdrossenheit hervorruft, weil wir es mit einem »Unreinlichen« zu tun haben, einem Dilettanten, der – wie sein Kollege, der unreinliche Maurer – pfuscht. Der eine stellt eine windschiefe Bude hin, und der andere liefert seine liederlich gestümperten Seiten ab. Er gehört zur Rasse jener, die mit Vorliebe Texte »runterschreiben«. Das ist das glatte Gegenteil von schreiben, das mit mühselig und stockend und endlosem Atem zu tun hat.

Selbstverständlich, »rein« heißt nicht, sich anzuheischen beim Publikum, da getrieben von läppischer Gefallsucht oder eingeschüchtert vom Scheinheiligensprech des politisch Korrekten. Nein, der Schreiber darf Widerhaken einziehen, darf lästern und via Wörter Stinkbomben werfen und diametral anderer Meinung sein als der Leser. Doch sein Schriftstück muss in sich »stimmen«, wasserdicht sein, kein Leck soll spritzen, keine Nachlässigkeit ihn der Faulpelzigkeit überführen.

Soweit Grundgesetz Nummer eins. Nun zum nächsten, dem »Hundertwassergebot«. Dazu eine erstaunliche Nachricht. In Japan, einem Land, das wie wenige über ein untrügliches Gespür für Formen und Anmut verfügt, gibt es in den großen Kaufhäusern ein eigenes Stockwerk, wo Angestellte nichts anderes tun, als die Ware der Kunden einzupacken. Aber nicht mit Pappe und Tesafilm, sondern mit sagenhaft schönem Papier und sagenhaft schönen Bändern. In Farben aus aller Welt. Und mit diesen mädchenhaft kleinen japanischen Frauenhänden, die unfassbar quirlig und raffiniert genau so einbinden, dass das Produkt – und wäre es noch so banal – noch ein paar Drehungen phänomenaler aussieht.

Nicht anders sollte einer mit Sprache umgehen. Nachdem ich in Wien ein paar Hundertwasser-Häuser des österreichischen Wunderkinds gesehen hatte, fiel mir das »Hundertwassergebot« ein: Ein uninspirierter Architekt bietet – wenn der Käufer Glück hat – ein ordentlich konstruiertes Haus an. Einen viereckigen Kasten, wie sie in Millionenstärke auf fünf Kontinenten herumstehen. Robust, praktisch, solide. So wie ein uninspirierter Autor einen akkuraten Text abliefert. Ähnlich gebrauchsfähig und farblos.

Deshalb: Wie Hundertwasser aus faden Häuserwänden Landschaften des Entzückens kreierte – bunt, geschwungen, kurvig, nie gerade und nie ohne leuchtende Pflanzen –, so sollte jeder Schreiber seine Arbeit, »sein Haus«, poetisieren: die klugen Gedanken einpacken in ein paar der schillerndsten der 5,3 Millionen Wörter. Unvorstellbar viele Ingredienzen stehen ihm zur Verfügung, um den Leser auf zweifache Weise zu vergnügen. Einmal mit intelligentem »content« und einmal mit einer Sprache, die elegant und überraschend das transportiert, was er erzählen will.

Dass Schönheit, auch sprachliche, den Menschen erhebt: unbestritten. So wie in hässlichen Häusern – umgeben von anderen hässlichen Häusern – mehr Unglück und Verbrechen als anderswo stattfinden, auch das hat man herausgefunden.

Natürlich lauern Gefahren: dass der Autor als eitler Schönschreiber in Verruf gerät, dass seine Zeilen als »overwritten« – kein exakter Ausdruck dafür im Deutschen – entlarvt werden, als zu gedrechselt, zu manieriert, zu gezwungen. Das Raue fehlt. Ein bisschen affig, ein bisschen selbstverliebt, ja, der Künstler scheint so ergriffen von der eigenen Kunst zu sein. Das erinnert an ein allzu schönes Frauengesicht. Zu glatt, zu oberflächlich, zu aufdringlich, Tiefe mangelt. Irgendetwas hindert uns, ihm besinnungslos zu verfallen.

Sprachliche Grandezza kann sich auf so simple Weise äußern. Nehmen wir Meister Brecht und die erste Strophe seines »Elften Sonetts«:

Als ich dich in das ferne Land verschickte
Sucht ich dir, rechnend mit sehr kalten Wintern
Die dicksten Hosen aus für den (geliebten) Hintern
Und für die Beine Strümpfe, gut gestrickte!

Kein Wort, das nicht der einfachste Mensch verstehen könnte, kein Fremdwort, keine Formulierung, die stutzig macht. Und doch hat der Dichter den Inhalt – die Sorge um seine Freundin Margarete Steffin – in wundersam vollendete Poesie verpackt.

Genug geredet über das, wonach wir Schreiber trachten sollten. Meiner unbescheidenen Meinung nach. (Ratschläge geben riecht fast immer nach vorlaut.) Am Ende des Tages muss jeder für sich wissen, wie er mit der deutschen Sprache anbandelt. Hoffentlich voller Respekt und hoffentlich ziemlich respektlos. Und je smarter einer mit ihr jongliert, desto respektvoller und desto respektloser soll es passieren. Das ist in nichts ein Widerspruch, man muss nur herausfinden, wann das eine passt und wann das andere.

Hier noch ein Merkvers aus dem Talmud, da geht es gleich um das ganze Leben: »Ein Mensch braucht zwei Hosentaschen, in die er dann und wann greifen kann, je nachdem, was er gerade benötigt. In der rechten Tasche muss er die Worte ›Um meinetwillen wurde die Welt erschaffen‹ aufbewahren und in der linken: ›Ich bin Staub und Asche‹.«

So sollte auf den Zetteln all jener stehen, die sich das übermäßige Glück teilen, mit unscheinbaren 27 Buchstaben ihren Lebensunterhalt zu verdienen: »Keinen liebt die Sprache ungestümer als mich« und »Niemand ist unberufener als meine Nichtigkeit«. Zwischen diesen Polen von Größenwahn und Ladehemmung verläuft die Linie eines Schreiberlebens. Und beide Gefühlszustände sind unabdingbar, um zu wachsen. Und wer dieses Spiel beherrscht und den Augenblick erkennt, in dem eine Prise Hochmut guttut oder die Stunde gekommen ist, lieber den Mund zu halten, um auf die besseren Zeiten der Intuition zu warten, den wird dieser Beruf mit Seligkeiten überhäufen.

Sprache als Heimat, gefährliche Heimat, allerschönste Heimat.

Andere Freuden winken. Gabriel García Márquez – noch einer, der es konnte – antwortete auf die Frage, warum er schreibe: »Um Frauen kennenzulernen.« Denn gewisse Frauen – gewisse Männer übrigens auch – lassen sich von der »Sapiosexualität« verzaubern. Ein Neologismus, der aus »sapiens«, weise, einsichtsvoll, und »Sexualität« besteht und auf die Tatsache verweist, dass man sich weniger durch das Aussehen einer Person oder sonstige Schätze zu ihr hingezogen fühlt, sondern durch ihre Ausstrahlung, ihr Wissen: Man ist scharf auf jemanden, weil sie/er Dinge von sich gibt, die erotisieren. Die Armen im Geiste tun das nicht, die Geistreichen bestimmt. Und der entscheidende Hinweis auf den Esprit eines Menschen ist die Sprache. Die so besondere Sprache. Ganz gleich, wie sie auftritt, ob oral oder schriftlich: Sie hat Power.

Das Rätsel Sprache. Die Wissenschaft ist sich nicht einig, wie sie entstanden ist. Mehr oder weniger plausible Theorien zirkulieren. Wir werden es nie eindeutig erfahren, denn die Beweislage ist dürftig, verloren gegangen im Dunkel der

Geschichte. Primaten haben wohl damit angefangen, irgendwelche Laute abzusondern und dabei gleichzeitig auf einen Baum zu zeigen. Oder einen Stein. Oder ein Tier. Und sich anschließend darauf geeinigt, dass das eine so heißt und das da drüben so. Urlaute eben. Nur beschreibend, von Syntax und Grammatik keine Rede, unmöglich damals, etwas Vergangenes, etwas Zukünftiges oder etwas Mögliches – den Konjunktiv – auszudrücken.

Der Homo erectus, eine Art Urmensch, begann vor knapp zwei Millionen Jahren, die tierischen Geräusche zu verfeinern. Doch der Wortschatz blieb kümmerlich, rein auf den elementaren Alltag beschränkt. Bis zur Entwicklung dieses hoch komplizierten Kommunikationsmittels, wie wir es heute kennen, verging unendlich viel Zeit, ja, ganze Jahrtausende: um das Wunderwerk Sprache – womöglich die grandioseste Erfindung der Menschheit – in die Welt zu bringen.

Sprache ist so unfassbar wie Musik. Vielleicht reichte ein zehn Meter voluminöses Buch, um eine Ahnung von ihrem »Vermögen« zu liefern. Mir stehen einige Seiten zur Verfügung, keine fünf Millimeter dick. Ich muss mich beschränken.

Mit elf fing ich an, in »mein Tagebuch« – so bombastisch nannte ich das Schulheft – zu kritzeln. Meist handelte es sich um Sturmmeldungen über die Wutausbrüche und Gewalttaten meines Alten. Ohne mir darüber klar zu werden, erleichterte dieser Vorgang mein Herz. Viel später würde ich erfahren, dass das so unspektakuläre Hinschreiben – so still, so arglos – tatsächlich zum Seelenfrieden eines Menschen beiträgt. Wenn nicht Frieden, so doch ein Gefühl der Linderung vom heillosen Zustand der Erniedrigung. Man sitzt da, tut etwas nahezu Unhörbares und besänftigt mit jedem Wort den Schmerz, die schwelende Einsamkeit.

Ohne Wunde keine Sprache. Und hat sie Glück, so kommt einer und setzt sie unter Strom. Und der Leser – wundersam ergriffen – spürt den Schlag und erkennt, dass hier ein Wildfremder auch über ihn spricht, seine Einsamkeit, seine Wunden. Wie eine sanfte Droge, ganz ohne Verfallserscheinungen, zieht sie in sein Blut.

In einem Interview erzählte Paul Auster, wie er mit neun durch einen Park schlenderte und ihn plötzlich – völlig neu für ihn – das Bedürfnis überkam, ein Gedicht zu verfassen. Er rannte in einen Laden, kaufte Papier und Stift und dichtete. Das Ergebnis (so wusste er bald) war lächerlich schlecht, aber er fühlte sich »mit der Welt verbunden«, so, als wäre er in ihr tatsächlich vorhanden, in ihr »verankert«.

In der Schule lernte ich nicht Deutsch, doch Deutsch zu hassen. Aus verschiedenen Gründen, auch weil meine Aufsätze als besonders misslungen vorgelesen wurden. Begleitet von wenig freundlichem Gelächter. Bis Lehrer E. kam, spät in der 12. Klasse. Er war der Erste, der mich verführte. Zur deutschen Sprache. Statt zu demütigen, öffnete er eine Schatzkammer. Der ich eines Tages mein Leben verdanken würde. Was für ein pomphafter Satz. Dennoch, so wahr. An jedem Tag.

Nach Jahren, jetzt Reporter, begriff ich Sprache nicht nur als Trostpflaster, sondern zudem als Instrument, um abzulästern. Das Alphabet – ich hatte ja weder Einfluss noch Goldkisten – als Waffe gegen die Blödheiten der Welt. Sprache als Spielverderber, natürlich ohne die geringste Illusion, den Schwachköpfen ihr Spiel auf Dauer zu verderben. Wörter wie Wassertropfen auf einen Ofen, ein Zischen und weg. So tut ein Schreiber gut daran, früh Macht und Ohnmacht von Sprache als ziemlich klein und ziemlich groß zu begreifen. Gerade dann, wenn sie dazu aufruft, sich des Hirns zu bedienen und nicht gleich wieder den Rattenfängern der Angst – nichts korrumpiert mehr als sie – hinterherzurennen.

Als ich von Paris nach Berlin wanderte, zu Fuß und ohne Geld, überlegte ich jedes Mal, bevor ich einen Pump anlegte, ob der Mensch mir etwas geben würde oder nicht. Ich wollte herausfinden, ob man einer Frau oder einem Mann die Freizügigkeit ansieht. Ich scheiterte, meistens. Keinem steht Mitgefühl auf die Stirn geschrieben. Sie ist eine heimliche Eigenschaft, erst erkennbar, wenn sie in Aktion tritt.

Nicht anders mit Sprache. Immer war ich bei Lesungen überrascht – und ich bin weder weltberühmt, noch »muss« man mich gelesen haben –, wie unterschiedlich die Leute aussahen. Das ist eine Binsenweisheit. Was ich sagen will: Ich blickte in Gesichter, denen ich – wäre ich ihnen auf der Straße begegnet – nie einen Funken Liebe für Literatur zugetraut hätte. Klar, meine Vorurteile, denn ich glaubte zu wissen, wie der Kopf eines Menschen zu sein hat, der denkt und liest. So rührt mich jede und jeder, der dasitzt und zuhört: nur der Sprache, sonst niemandem. Keinem Symphonieorchester, keinem Megastar, keinem Heldentenor. Das fordert gleich zwei Tätigkeiten: mitdenken und mitfühlen. Sie sind für jeden Schreiber ein Geschenk.

Hier nun die Geschichte eines Mannes, der wie kaum ein Zweiter in der Weltgeschichte der Sprache seine Obsession auslebte, dabei ein Vorleben – so radikal und bizarr – hinter sich hatte, das ihn für vieles, ganz anderes prädestinierte. Nur nicht zu einem, der auch noch hundert Jahre nach seinem Tod die widersprüchlichsten Reaktionen hervorrufen würde. Einmal Staunen, einmal Bewunderung, einmal Schrecken. Aber sein Beitrag zu sprachlichem Reichtum ist unvergleichlich.

William Chester Minor kommt 1834 in Ceylon (heute Sri Lanka) als Sohn eines Missionars zur Welt. Mit vierzehn wird er zu einem Onkel in die USA geschickt, geht an ein Militär-College, studiert in Yale Medizin und bewirbt sich erfolgreich – mitten im Amerikanischen Bürgerkrieg – als Chirurg in der »Union Army«.

Das ist keine gute Idee. Er sieht zu viel Grausamkeit, zu viele Verstümmelte, zu viel vernichtetes Leben. Er fängt an, unter Verfolgungswahn zu leiden. Seine bevorzugten Verfolger: Iren. Keine Vertraute kommt ihm emotional und/oder physisch nahe, dafür wird der jetzt 34-Jährige ein reger Bordellbesucher. Zwischendurch setzen Aggressionsschübe ihm und seiner Umgebung zu. Man liefert ihn in eine Irrenanstalt ein.

Nach achtzehn Monaten wird er als »unheilbar« entlassen, Minor reist nach England und bezieht eine Wohnung in einem heruntergekommenen Viertel in London. Noch immer hübsch nah den Nutten und noch immer gejagt von Iren. Bis er die Nerven verliert, frühmorgens sein Bett verlässt, auf die Straße stürmt und den armen Mister Merrett, Engländer (!), Heizer und Vater von sieben Kindern, für einen bösen Irländer hält und hinterrücks erschießt.

Er wird als »nicht schuldig« aufgrund seiner Psychose in eine Nervenheilanstalt geschickt, vorläufig lebenslänglich. Dort beginnt, wenn man so will, sein Weltruhm.

Er bekommt zwei komfortable Zellen, seine Armeepension reicht sogar, um einen Mitpatienten zu bezahlen – fürs Putzen und Bedienen. Er baut sich eine Privatbibliothek auf, liest – auch das besessen – und beweist einmal mehr, dass ein Wahnsinniger hochintelligent sein kann. Täglich ist er irre, plappert von kleinen sadistischen Jungs, die ihm nachstellen, von Folterungen und Vergiftungsversuchen und täglich kommentiert er tiefsinnig die gelesene Weltliteratur. Durch Zufall erfährt er vom »Oxford English Dictionary«-Projekt, dem ersten Lexikon der englischen Sprache. Ein titanisches Unternehmen, das 1857 initiiert wurde und erst nach siebzig Jahren beendet sein würde.

Minor, der rastlose Sprachliebhaber, meldet sich auf die Anzeige, über die Tausende kostenloser Mitarbeiter gesucht werden. Sie alle sollen sich einzelne Wörter vornehmen und – entlang der jahrhundertelangen Geschichte – Nachweise, Zitate und Absätze finden, in denen diese Vokabel vorkommt. Als »Beweis« für ihre Existenz, ihr Entstehen und Verändern. Unermesslich viel Eifer wird nötig sein, denn auch Englisch verfügt über ein schier unauslotbares Wörtermeer.

Minor erledigt nur ganze Sachen. Äußerst methodisch und getrieben macht er sich an die Arbeit. Jetzt hatte er seine Heimat gefunden. Nicht als Chirurg, nicht als Kriegsteilnehmer, nicht als Schwachsinn verbreitender Wirrkopf, sondern als autodidaktischer Sprachwissenschaftler, der über hundert »Belegstellen« pro Woche nach Oxford schickt, ja, es immer wieder schafft, die allererste Erwähnung eines Worts ausfindig zu machen.

Fast zwei Jahrzehnte hält er durch, dann beginnt der zweite Abstieg. Der erklärte Atheist wird gläubig, und so kommt es, dass sich der nun 68-Jährige – auch als notorischer Masturbant bekannt – im Sühnewahn für diese »Todsünde« den Penis abschneidet. Er überlebt, dennoch, sein Gesundheitszustand – im Leib wie im Kopf – verschlechtert sich. Er wird entlassen und nach Amerika deportiert, wo er in einem Altersheim blind und schizophren verdämmert. Mit 85 stirbt er.

Was für ein Leben.

Man vermag so vieles sein, auch Totschläger, auch Psychopath, auch religionsnärrisch, auch einsam wie der letzte Straßenköter auf Erden: Und doch, die Liebe zur Sprache kann den Menschen einholen und – nicht restlos, aber bisweilen – retten. Vor einem aussichtslosen Dasein.

Zurück zum Schreiben. Das Leben einatmen und als Sprache ausatmen – es aufschreiben. Wer das packt, darf sich nicht beschweren. Selbst wenn fast jede Zeile Strapaze verspricht. Mir zumindest. Für all die, die zu den Glücklichen zählen, und für all die, die ohne Talent auskommen müssen, aber trotzdem die Seiten vollmachen, hat Antoine Gallimard, Chef des berühmten französischen Verlags, ein hübsches Bonmot parat. Es bezieht sich auf unverlangt eingesandte Manuskripte: »Note 1 – absolut veröffentlichen! Note 1,5 – nochmals lesen! Note 2 – nicht top, doch im Auge behalten! Note 3 – das Trottoir wechseln, wenn man den Autor sieht!«

So ist Begabung für Sprache die eine Sache, die andere ist die Begabung für Fleiß. Wir alle kennen den Spruch von Charlie Chaplin, dass »inspiration« (Eingebung) zehn Prozent für Erfolg ausmacht und »perspiration« (Schweiß) die restlichen neunzig, im Klartext, ich wiederhole mich: Ein Schreiber muss schuften. Ich weiß von ein paar, die sind – ungelogen – mordsbegabt, aber sie wollen sich nicht schinden. Und man liest ihre Texte und merkt an so manchen Ecken und Enden, dass sie es souveräner hätten hinschreiben können. Doch der Wille fehlte, unbedingt so lange hocken zu bleiben, bis der Blitz einschlägt: der die Glühwürmchen, die schnellen und billigen Lösungen, verjagt.

Hier eine lehrreiche Anekdote, sie handelt von Henry Kissinger, einst Außenminister und *National Security Advisor* zweier amerikanischer Präsidenten. Dass er als Schreibtisch-Kriegsverbrecher den Friedensnobelpreis bekam, sei noch rasch der Vollständigkeit zuliebe erwähnt. Dennoch, die folgende Szene hat Format: Der Politiker engagiert einen neuen Redenschreiber. Der Mann bekommt seinen ersten Auftrag, und zwei Tage später bittet ihn Kissinger in sein Büro, hält das kurz zuvor gelieferte Manuskript in Händen und fragt sarkastisch: »Was soll das? Versuchen Sie es noch einmal.« Eine halbe Woche danach dasselbe Prozedere, die zweite Fassung trifft ein, und diesmal raunzt der Arbeitgeber: »Bei Ihrem Gehalt erwarte ich ein besseres Ergebnis.« In schlafloser Nachtarbeit arbeitet der arme Kerl an einer dritten Version, deponiert sie bei der Sekretärin und wird noch am Vormittag zum Chef gerufen. Der fuchtelt mit den Blättern und will eiskalt wissen: »Ist das wirklich alles, was Sie können?« Und stotternd kommt die Antwort: »Ja, mehr kann ich nicht.« Und Kissinger, der clevere Böse: »Bestens, so schaue ich mir den Text jetzt an.«

Menschenfreundlich ist das nicht, aber effizient. Man glaubt nicht, wozu ein Mensch imstande ist, wenn er in Not gerät. Ressourcen werden plötzlich geweckt, von denen er sonst nie erfahren hätte. Das gilt für (talentierte) Schreiber nicht anders als für einen (begabten) Schreinermeister. Beide »entdecken« sich, irgendwelche Synapsen – undenkbar, es genauer zu sagen – platzen, und Ideen zischen, die nie auf die Welt gekommen wären, hätte es nicht den Druck gegeben, so einen gemeinen Imperativ, der antreibt.

Noch Zeit für ein Nachwort. Obwohl ich weiß, dass tausend Aspekte der Sprache nicht zu Wort kamen, wie: dass Sprache ja immer am Anfang jedes Unheils steht, das Menschen einander antun. Dass Sprache oft erfunden wurde, um uns misszuverstehen. Dass Sprache so vieles nicht vermag, weil dem anderen, dem Zuhörer, oft das Gespür dafür fehlt, das Angedeutete, das Verschwiegene zu dechiffrieren.

Doch nun soll ein letzter Trumpf von ihr erwähnt werden. Er zeigt sich triumphal mitten im Liebesspiel: Wenn zwei sich begehren und einer den anderen mit Komplimenten stimuliert, über dessen Schönheit stammelt, alles Begehrenswerte an ihr (an ihm) besingt, die zwei sich gegenseitig anspornen, sich zur Lüsternheit treiben und hundert Mal »Sei mein!« flüstern und »Fick mich!« und »Ich will dich« und mit jedem Wort und mit jedem kleinsten Schlenker des Körpers ihre hemmungslose Sehnsucht nach der Haut und dem Geruch und dem Feuer des anderen preisgeben. Und keiner taktieren und keiner Angst haben muss, sich etwas zu »vergeben«. Unmöglich zu erkennen, wer sich hier heftiger für wen verzehrt. Denn jeder der beiden weiß, dass er höchstwillkommen ist, dass nun die Stunde da ist, in der sie von nichts Hinreißenderem in der Welt wissen, als sich zu lieben, hier, jetzt, so unfassbar ausschließlich.

Ich musste das – das Besingen – selbst erst über die Jahre lernen. Von früher Begabung keine Rede. Hellhörig wurde ich durch Berichte von Frauen, die sich darüber beschwerten, dass ihre Männer – Gatten, Verlobte, Liebhaber, wer auch immer – stockstumm, ohne eine winzige Silbe Leidenschaft zu wispern, es hinter sich brachten. Nur wildes Keuchen und Schnaufen, dann Peng. Noch mehr Schnaufen.

Als Corona über die Menschheit herzog, sah ich einen Cartoon, der lautes Gelächter provozierte. Man sah ein in der Mitte zersägtes Ehebett, dazwischen ein Metermaß, das 1,50 Meter Distanz anzeigte. Links im Bett lag der Mann, rechts die Frau, sie frohlockend: »Wie erfreulich, jetzt muss ich keine Migräne mehr vortäuschen.« Famos giftig, genial skizziert.

Versteht man die Gattin, die lieber Komödie spielt, als sich auf die Schnelle als Oberfläche mit Loch zur Verfügung zu stellen?

Pornhub.com kam und eine Million anderer Pornoportale. Ich verbrachte so manche Stunde davor, wollte ich den Profis doch etwas abschauen. Indes, ich entdeckte nur Elefantenschwänze, die sich umstandslos in Frauenleiber bohrten und so lange rein und raus wetzten, bis sie ihr Fünf-Minuten-Business erledigt hatten. Nie entkam einem dieser Athleten ein Schrei der Begeisterung, ein Stottern sprudelnder Schwärmerei. Den Damen auch nicht. Wie auch, denn sie waren ja mit dem Simulieren eines Orgasmus beschäftigt. Wie sprachlose Tiere »machten sie Liebe«. War der Elefant fertig, war das Video zu Ende. Kein Vorspiel, kein Nachspiel, kein einziger Satz zitternder Freude. Wären sie behaarter, man könnte glauben, einen Animationsfilm über unsere Vorfahren zu sehen. Neandertaler beim Poppen, Grunzlaute ausstoßend.

Aber inzwischen sind 130 000 Jahre vergangen, da hätte man den so innigen Akt verfeinern können, nicht? Mithilfe, nur ein Beispiel, der unermesslichen Schatztruhe Sprache, übervoll mit 5,3 Millionen Wörtern, darunter Aberhunderte, die nur erfunden wurden, um uns als virtuelles Aphrodisiakum in Zeiten der Intimität zu beflügeln.

Dirty talking, sweet talking, smart talking, nicht vieles ist verschwenderischer als die Sprache. Ohne Kosten, ohne Nebenkosten. Doch mit Nebenwirkungen: wie geistreich werden. Wie spielerisch sein. Wie denken üben. Wie Gefühlen auf die Schliche kommen, ja, wie in der Welt zu Hause sein und sich in ihr – bis zu den Zähnen bewaffnet mit Worten – zurechtzufinden. Tag für Tag.

Das Glück des Augenblicks: New York

Als ich nach New York umzog und meine Bude in einem Nullsternehotel betrat, war ich ein glücklicher Mensch: Die Klimaanlage funktionierte. Ich kam als Leiche herein, hingerichtet von Hitze und Luftfeuchtigkeit, und erwachte wieder zum Leben.

Summer in the City. Damals war New York noch verrufen, damals gab es die 42nd Street noch als wüstes Sündenparadies. Mit Klappen, den Saunen, den Peepshows, den Strichern und Nutten, den Hinterzimmerpuffs. Und es gab die fünf oder sechs Toten, die die Stadt alle 24 Stunden produzierte. Mordopfer, Totschlagopfer, Gewalt, die alte Seuche – made in USA.

Ich mochte New York. Trotz der Anwürfe, die es jeden Tag für Körper und Seele bereithielt. Als Gegenleistung bekam man die Verrücktheiten der Welt, die unheimlichsten Zeitgenossen, die schrillste Mode, die herrlichsten und fettesten Frauen, die schönsten und deformiertesten Männer, Kunst zum Anbeten, Kitsch zum Schreien, Reichtum und

Elend so eiskalt nebeneinander. Es gab wohl keinen Ort auf Erden, der sich Tag für Tag und Nacht für Nacht so hemmungslos aufführte wie New York.

New York als Heimat? Ich weiß nicht, auf Dauer eher nicht. »Someday you go nuts«, las ich in einem Leserbrief an die *New York Post: Irgendwann wirst du gaga!* Diesen einfachen Satz konnte man stündlich nachprüfen, so begriff ich den Sieben-Millionen-Moloch als Etappe, um mich auf mein Leben als Reporter vorzubereiten.

Ich war gekommen, um nicht sterben zu müssen, ohne hier gewesen zu sein. Und um mein Englisch zu verbessern. Ich schrieb mich in der New York University ein, versuchte ein paar Kurse, in denen altknöcherne Herren als Professoren auftraten und unsäglich pedantisch ihren Unterricht aus dem 19. Jahrhundert abwickelten. Ich verließ so lange jeden Klassenraum, bis ich auf Priscilla stieß. Man musste ihr nur eine Minute lauschen und wusste, dass man angekommen war.

Priscilla stammte aus Brooklyn, war groß, stämmig und ein Traum. Eine Energiebombe, eine, die auf Aktualität pochte, um ihre Schüler in ein Gespräch zu verwickeln. Die begriffen hatte, dass man sich spielerisch am intensivsten einer fremden Sprache annähert: eben keine dicken Klassiker durchackern, um jedes dritte Wort in dicken Wörterbüchern nachzuschlagen, nein, Priscilla redete vom Hier und Jetzt, von der Gegenwart, der Politik, den neuen Filmen, den gestrigen Verbrechen, las einen kurzen Artikel aus der *Washington Post* vor, schrieb die schwierigeren Formulierungen an die Tafel, fragte nach unserer Meinung, forderte unseren Widerspruch, übte mittendrin – wie es sich aus dem Zusammenhang ergab – eine Grammatikregel, empfahl uns diese oder jene Lektüre, verwies auf Gedichte – der grandiose Robert Lee Frost war ihr Liebling – und wurde nie müde, uns an die »beauty of the English language« zu erinnern.

Mir fiel mein Deutschunterricht im Gymnasium ein: Leichenhallengeruch und dazwischen eine Fledermaus, die als krummes Männchen verkleidet aus »Königs Erläuterungen« zitierte. Himmel, wie soll da Sehnsucht nach Literatur entstehen.

Wir alle – 23 Frauen und Männer aus neun Ländern – bewunderten Miss Priscilla. Als ich ein paar Jahre später den Film »Der Club der toten Dichter« sah, in dem Lehrer John Keating (gespielt von Robin Williams) seine Studenten mit schrägen Einfällen zu selbstbewussten Freidenkern zu erziehen versucht, musste ich sofort an unsere New Yorker Lehrerin denken.

Einen dunklen Punkt gab es in Room 102. Der war ich. Genauer, ich war der Auslöser für das Unglück eines anderen, von Massai, meinem Nachbarn, einem Japaner. Irgendwann fing er an, rassistische Giftspritzer über Deutschland zu flüstern. Ich flüsterte zurück und meinte, unsere beiden Völker sollten klugerweise den Mund halten, was rasend gewordenen Nationalismus betrifft. Aber Massai legte nach, wurde persönlich, kommentierte jede meiner Wortmeldungen halblaut und gehässig: von wegen wichtigtun und alles besser wissen und garantiert typisch deutscher Rüpel. Die Situation war umso bizarrer, als drei Reihen hinter mir mein liebster New Yorker Mensch saß, Masazumi, auch Japaner. Er war ein Ausbund von Höflichkeit und Humor, bis zur Selbstaufgabe generös. Ich hätte nicht mehr sagen können, wie oft er mich bereits zu sich nach Hause mitgenommen hatte. Um für uns zu kochen und aufzutischen.

Massai war nicht zu bändigen, nicht durch meine Bitten, friedlichere Manieren an den Tag zu legen, nicht durch meine Warnung, seine boshaften Allüren coram publico bloßzustellen. Irgendetwas an mir musste ihn zur Weißglut treiben. Aber ja, ich nahm wie andere lebhaft am Unterricht teil, fragte, fragte nach, machte Fehler, stotterte, stotterte intelligenter, ja, ließ mich begeistern von Priscilla und ihrem Schwung, mit dem sie durch die Stunden fegte.

Massai war schüchtern, bekam den Mund nicht auf, fühlte sich unterlegen. Uns allen. Und ich war der (zufällige) Sündenbock, der neben ihm saß.

Zwei Wochen lang zerrte der 29-Jährige an meinem Geduldsfaden. Dann riss er, und ich stand auf und tat, was ich ihm ersparen wollte: Detailliert, aber in Kürze legte ich dar, was für eine Art läppischer Kleinkrieg hier auf Bank 14 täglich stattfand. Und ich mir zuletzt nicht anders zu helfen wusste, als die Angelegenheit öffentlich zu verhandeln.

Mein Verhalten war eine Spur riskant. Denn die Politik der Universität – so hörte man hinter vorgehaltener Hand – hieß abwiegeln, diplomatisch ausweichen, kein Affront, ja darauf bedacht, niemanden vor den Kopf zu stoßen, konkret: keinen Japaner zurechtzuweisen, sonst spricht sich das herum, und ein paar Tausend potenzielle Kunden fallen weg.

Aber Priscilla wäre nicht Priscilla gewesen, wenn sie sich an die Regeln gehalten hätte. Sie fragte Massai, ob es stimmte, dass er mich für einen »arroganten, präpotenten Idioten« hielt, der grundsätzlich anderen das Wort abschnitt und nur seine eigene Meinung gelten ließ. Und Massai, durchaus bockig, bejahte.

Jetzt kam das Glück.

Nicht, weil Priscilla mich in Schutz nahm und meine Anwesenheit in der Klasse unter anderem als »very stimulating« lobte, nein, denn ich war nur das, was man von jedem Teilnehmer hier erwartete, ja, erwarten musste, der sich auf den weiten Weg gemacht hatte, um sich an dieser (sündteuren) Hochschule zu immatrikulieren: Ich war rastlos neugierig, penetrant darauf bedacht, dass wir hier nicht unsere Zeit verhocken, sondern etwas von der superreichen englischen Sprache lernen.

Was ich – um ein Haar wären mir die Tränen gekommen – als Glück empfand, war die Tatsache, dass ich hier jemanden in Echtzeit erleben durfte, der Charakter bewies, eine Art Zivilcourage, die sich nicht einschüchtern ließ, die sich nicht hasenfüßig hinter dem handelsüblichen Blabla versteckte. Das durchaus seltene Hochgefühl überkam mich, einem Menschen dabei zuzuschauen, wie er Würde behielt und sich nicht verriet.

Solche Frauen – derlei Männer gibt es auch – verbuche ich in meinem Arsenal virtueller Heimaten. Um mich auf sie zu besinnen, wenn ich wieder den anderen begegne, den Jasagern, dem schweigenden Haufen, jenen, die sich – therapeutisch empfehlenswert – in Priscillas Klassenzimmer verirren sollten: um auf gewitzte Weise Englisch zu lernen und im Fach »Herzensbildung«, ganz nebenbei, Nachhilfeunterricht zu bekommen.

PS: Ach ja, Massai wuchs, er hatte tatsächlich die Kraft zur Einsicht. Wir wurden keine Buddies, aber für den Rest der Zeit herrschte ein zivilisiert-freundlicher Umgangston. Als ich ihm einmal diskret einen Zettel hinschob, auf dem das Wort stand, das ihm fehlte – er hielt gerade einen kurzen Vortrag –, lächelte er scheu. Wir beide lächelten. Ich schwöre, in diesem Raum ging Priscillas Geist um.

FREUNDE

Freundschaft ist etwas Heiliges. Sie verraten ein Verbrechen. Als Teenie sah ich »Der Schatz im Silbersee« und als ich das Kino verließ, wusste ich Bescheid: Treue ist der Schlüssel. Wenn es sein muss, bis in den Tod. Winnetou und Old Shatterhand wurden mein Traumpaar. Ich war fest überzeugt, dass sich der wunderbare Pierre Brice und der wunderbare Lex Barker auch im echten Leben nie verlassen würden.

Fredy, ein Schulkamerad, hatte neben mir gesessen. Auf dem Nachhauseweg beschlossen wir, dass er ab nun Old Firehand und ich Old Surehand hießen. Da jeder von uns mindestens ein Dutzend Karl-May-Bände gelesen hatte, kannten wir uns aus. Fredys Vater war ein Arsch und mein Vater der andere Arsch. Unser Pakt sollte uns schützen. Gegen unsere Väter und die Welt. Wir schworen uns Beistand für jetzt und für ewig.

Wir mussten uns nichts beweisen. Die Zeit reichte nicht, Fredy zog nach Monaten weg, und ich konnte nicht verhindern, dass er ein unglücklicher Erwachsener wurde – wie ich irgendwann erfuhr. Vage begriff ich, dass man eine Freundschaft nicht beschließen kann, man muss sie schmieden, sie muss durchs Feuer gehen. Dann bekommt sie Dauer. Ähnlich der Liebe. Und doch, viel später werde ich bei Henry Miller lesen, dass sie, die Freundschaft, »etwas jenseits von Liebe« sei. Was für ein rätselhafter Satz. Mit dem so rätselhaften Wort »jenseits«.

Ich wollte Nähe. Vielleicht suchen Kinder, die emotional eher kurzgehalten werden, intensiver nach ihr. Und wenn kein Mensch zur Verfügung stand, dann eben Tiere. Ich sah »Heimweh«, den ersten Lassie-Film (mit der zehnjährigen Elizabeth Taylor), und ich dachte, dass es keinen besseren Ort als einen Kinosaal gibt, um Rotz und Wasser zu heulen. Diese fraglose Treue. Unverbrüchlich, unverkäuflich. Der kleine Joe und die große Lassie, sie waren wie Winnetou und Old Shatterhand. Da mag die Welt links und rechts in Abgründe versinken, die zwei gehörten zusammen.

Ich wusste noch nicht, dass man via Kamera eine Wirklichkeit erfinden konnte, die so nicht vorkommt.

Bald lasen wir im Deutschunterricht »Die Bürgschaft« von Schiller. Wieder traten zwei Männer auf, zwei Blutsfreunde. Diesmal nicht im 19. Jahrhundert, sondern in der Antike: Selinuntius bürgt für seinen Freund Möros, weiß, dass er hingerichtet wird, wenn der andere nicht rechtzeitig zurückkommt. Und Möros weiß, dass er selbst sterben muss, wenn er sein Versprechen hält und den anderen auslöst. Und dennoch überwindet er jede Gefahr, jede Todesgefahr, um sein Gelöbnis nicht zu brechen. Und taucht in letzter Minute auf. Alle in der Klasse mussten die Ballade laut vorlesen. Ich kam nie zum Schluss. Weil ich in Tränen ausbrach. Über so viel Liebe.

Ein Freund, ein einziger – mein Vater – hätte mir genügt. Aber der wollte nicht.

Ich sah Hunderte von Western, Sandalenschinken, Romanzen, und wann immer Freunde auftauchten, gab es ein Tabu, eines, an das nicht gerührt wurde: der Verrat. Alles durften sie tun, ihre Frauen hintergehen, Banken ausrauben, Rache nehmen, Friedlose aufhängen, doch das eine war undenkbar, es kam nicht vor im Skript, es gab ihn nicht. Da mögen Himmel und Erde niederbrennen, Freunde sind ewig Freunde.

Jahre später, längst erwachsen, sah ich einen französischen Kriminalfilm, in dem das Thema auf wundersam lässige Weise angedeutet wurde, so nebenbei, nicht mehr so bombastisch à la Schiller und Sturm und Drang: A. ruft nachts B. an, gehetzt spricht er in die Muschel: »Ich habe jemanden umgebracht.« Und B., ruhig, wie selbstverständlich: »Wo ist die Leiche?« Freunde sind zur Stelle, auch wenn Tote herumliegen.

Freunde sind Heimat.

Ich ging zu den Pfadfindern. Lauter kleine Männer, die »Kameraden« sein wollten. So nannte man das damals. Und wir zelteten im wilden Busch, saßen am lodernden Lagerfeuer und sangen: »Unstete Fahrt! Habt acht, habt acht!/ Die Welt ist voller Morden«, liefen mit dicken Fahrtenmessern am Gürtel durch den Wald, stellten uns – je zwei – gegenüber auf und spielten »Messerspicken«: so knapp wie möglich die Klinge neben dem linken oder rechten Fuß des anderen in die Wiese sausen lassen. Und der »Gegner« zog es heraus und nahm nun selbst Maß. Bis Blut floss, das wir verheimlichen mussten. Um nicht entwaffnet zu werden.

Rudi wurde ein Freund. Ein bisschen, kein ganzer. Mein Fehler. Ich war eifersüchtig, denn er wurde zum »Kornett«, zum Gruppenführer, gewählt, und ich nicht. Irgendwann sollte ich begreifen, dass Freunde gleich stark sein müssen, dass das Kräfteverhältnis ausgewogen sein muss. Wer sich unterlegen fühlt, kann kein Freund sein. Er neidet. Und Neid darf nicht vorkommen.

Heimat soll wärmen.

Trotzdem besuchte ich ihn immer wieder in der elterlichen Wohnung, in seinem Zimmer. Weil unser Haus nicht betretbar war, dort regierte ein Geisteskranker. Und weil er eine sanfte Mutter mit einem großen Busen hatte. Ich wusste noch nicht, warum das einen Mann so beunruhigen konnte, doch ich schaute verstohlen auf sie. Auf ihn.

In »Der kleine Prinz« lässt Saint-Exupéry seinen Helden sagen: »Er war nur ein Fuchs wie hunderttausend andere auch. Aber ich habe ihn zu meinem Freund gemacht, und jetzt ist er einzig in der Welt.«

Nein, Rudi war nicht der Einzigartige. Ich ahnte noch nicht, dass so einer lange auf sich warten ließe.

Ulrich kam. Wir waren Fahrschüler, ab morgens um 6.30 Uhr, um in die Stadt zu fahren, in der es »höhere Schulen« gab. Sein Vater war Arzt und Menschenfreund und der Sohn ein feiner Kerl. Er war es auch, der mich »aufklärte«. Und ich nichts verstand, ja, nie glaubte, was er mir erzählte. Bei uns zu Hause gab es keinen Sex, und wenn doch, dann hinter verbarrikadierten Türen. Unsichtbar, unhörbar, in Eile. Und niemanden weit und breit, der Kinder über ihre Zukunft als Erwachsene informierte.

Ulrich war mir ebenfalls überlegen. Er hüpfte von Klasse zu Klasse, und ich blieb sitzen. Um mich zu retten, bewunderte ich ihn. Aber zur einen, der tiefen Nähe war ich nicht imstande. Obwohl er mich oft willkommen hieß bei sich. Manchmal setzte sich sein Vater dazu, und wir »diskutierten«. Ich wunderte mich, mit welchem Respekt er mit uns Vierzehnjährigen umging. Eine andere Welt.

Wir verloren uns aus den Augen. Ich konnte mit Ulrich nicht mithalten. Er wollte Arzt werden und wurde es. Und ich war Kindersoldat und hatte keine Ahnung, was später sein soll. Nichts, vermutete ich, denn ich taugte zu nichts.

Noch ein merkwürdiger Nachsatz zu diesem Jungen, den ich als so gescheit und entgegenkommend abgespeichert hatte: Heute wirtschaftet er nebenbei als AfD-Stadtrat in dem Loch, in dem wir jahrelang frühmorgens in den Zug gestiegen sind, um das ferne Gymnasium zu besuchen. Doch seine kruden politischen Ideen reichen ihm nicht, er verirrt sich auch als Arzt, leugnet die COVID-19-Pandemie und fordert die Patienten auf, ihre Masken abzulegen, wenn sie seine Praxis betreten. Jetzt läuft ein Verfahren gegen ihn, er muss um die Approbation fürchten.

Ich war keineswegs schüchtern. Gefiel mir einer, sprach ich ihn an. Immer »rein«, nie irritiert von einer homoerotischen Anwandlung. Ich wusste gar nicht, dass es das gab. In meiner Kindheit galt Homosexualität – so erfuhr ich dann doch irgendwann – als todwürdiges Verbrechen, nur virulent im Reich des Teufels. Keiner von uns hätte je gewagt, sich als »Arschficker« zu outen. Undenkbar.

So wurde ich nie missverstanden, wenn ich versuchte, bei jemandem anzudocken. Ich war nicht homo, und der andere hätte es, wäre er es gewesen, unter keinen Umständen zugegeben.

Doch, eine halbe Nacht lang würde ich es sein, ein Schwuler, der von einem Mann beschlafen wird. Irgendwo in Südamerika, viel später. Es war einmalig und der letzte Beweis, dass ein Männerkörper keinen Funken Lust in mir lostrat.

Josef tauchte auf. Er war zum zweiten Mal durchgefallen und landete in meiner Klasse. Josef war schön und klug und widerspenstig. Er stänkerte gegen die Lehrer, und sie bestraften ihn mit schlechten Noten. Er war zwei Jahre älter als ich und wurde mein Meister. Er hatte alles, was mir fehlte, den athletischen Körper, den Swing, das Vertrauen in die Welt und das Unglaublichste: Sex! Nebenbei hasste er Pfaffen, was mich (in der Volksschule häufiges Ziel ihrer Prügeleien) sogleich beruhigte. Hier im Kreise der pubertierenden Spießer und Streber erschien er mir wie eine Epiphanie. Er leuchtete.

Er klärte mich auf, aber anders, rigoroser, kein klinisches Gerede wie bei Ulrich, nein, Josef berichtete aus dem wirklichen Leben, von Isabella, seinem »Sweetheart«, zückte ein Foto von ihr im Bikini – und ich hatte noch einen Grund, neidisch zu sein.

Er schillerte. Und ich schrumpfte, als ich hörte, was sie am liebsten miteinander taten: 69. Ich verstand nicht, wusste nicht, was die Zahl mit Frau und Mann zu tun hatte. Und als er es mir erklärte, bin ich davongelaufen. Ich war ja christlich erzogen worden, und jedes Geschlechtsteil, allen voran die weiblichen, galt als Inbegriff von Schmutz und Sünde.

Klar kam ich wieder zurück zu ihm. Und natürlich fragte ich nach jenen Geheimnissen, für die nur er eine Antwort hatte. Josef war der erste Mensch, der mit Freude über Sex sprach. Nicht mit Wut, nicht mit Ekel in der Stimme.

Ein Jahr lang war er mein Mentor. Er schwächelte nie, kein hämisches Wort, kein Hauch von Arroganz. Sein Selbstvertrauen nährte sich nicht davon, andere zu erniedrigen. Auf jeden Fall nicht seinen Freund. Selbst das Tanzen brachte er mir bei, mit unfehlbarer Nonchalance führte er mich. Er wusste, dass ich ihn brauchte, doch er ließ es mich nicht spüren.

So viel später, als ich in Frankreich leben sollte, würde ich den Ausdruck »une élégance morale« lesen. Josef war in seinem moralischen Verhalten – Moral, wie er sie verstand – elegant, spielerisch. Er machte es vor, er predigte nicht. Er war so unangestrengt, so verdammt unangestrengt.

In einem Interview meinte Robert Redford, dass es so schwer nicht sei, einen Freund zu finden. Schwierig sei jedoch, ihn als solchen zu behalten, einen, der gemeinsam den Prüfungen – unvermeidbar – standhält. Und so gehe es eine Zeit gut, aber dann »one day, something goes off«, eines Tages explodiert etwas. Der Amerikaner bezog sich auf seine Freundschaft mit Regisseur Sydney Pollack. Immerhin, sieben Filme lang hatten sie durchgehalten.

Nicht anders als bei Liebesbeziehungen zwischen Frau und Mann (oder wer auch immer wen begehrt). Nein, doch anders, denn der Sex fällt weg. Was die Freundesnähe grundsätzlich weniger gefährdet. Eben der Drache Eifersucht nicht zehrt und hinterher, wenn sich der Wahn »Du bist mein!« gelegt hat, der andere Drache – der Trott – beharrlich alles Feuer abwürgt.

Freunde wollen nicht ins Bett miteinander. Und sie hocken nicht 24/7 unter demselben Dach. Sie schenken sich Freiheit und sie verbringen ihr Leben in getrennten Wohnungen.

Ich fühlte stets Wärme, wenn ich Josef sah. Er ließ mich kommen und gehen. Wie ein Land, das man liebt. Man fliegt davon und kehrt zurück. Aus Liebe, ganz unsichtbar, so treu. Und wir manipulierten einander nicht. Was mir damals nicht auffiel, denn ich wusste noch nicht, dass man damit Nähe kaputtmachen konnte. Und von Michel de Montaigne, dem Philosophen der Renaissance, hatten wir auch noch nicht gehört. Der Humanist hat es so hinreißend einfach aufgeschrieben: »Warum ich mich so gut mit meinem besten Freund verstand? Weil er er war. Und ich ich war.«

Nach der zehnten Klasse war es vorbei. Josef hatte die Schule satt. Er wollte arbeiten, Geld verdienen. Er ging, und ich fand keinen Ersatz, im Gegenteil, Josef hatte Maßstäbe gesetzt, und nach seinem Abgang erschien mir der Rest der Mitschüler noch biederer, noch versessener auf ein braves, ordentliches Leben.

Ich hielt ein Jahr länger aus, dann prügelte mich mein Vater aus dem Haus, und ich landete in einem Internat. Dort traf ich Günther. Er war zynisch, intelligent und ein Wunder an Hilfsbereitschaft. Seine Noten waren gut, ich war wie üblich gefährdet. Ohne ihn wäre ich ein zweites Mal durchgefallen, aber eiserne drei Wochen lang bereitete er mich auf das Mathematik-Abitur vor. Und ich schaffte einen Fünfer.

Erstaunlich, alle meine bisherigen Freunde waren erfolgreicher als ich. Und ich war meist der Beschenkte. Immerhin habe ich ein Talent für Dankbarkeit. Solange sie atmen, trage ich sie ihnen nach. »Schuldner« müsste auf meinem Grabstein stehen.

Dass ich tatsächlich irgendwann das »Zeugnis der Reife« in Händen hielt, ist mir bis heute unbegreiflich. Jahrelang würde ich Situationen träumen, in denen es mir entzogen wird. Als hätte ich es unrechtmäßig bekommen. Zudem war ich nicht »reif«, dafür einsam und wieder ohne Freund.

Günther zog in eine Großstadt, um zu studieren. Ich schätzte ihn, aber der Abschied von ihm war nicht schmerzhaft wie damals von Josef. Der faszinierte, hatte eine smarte, so souveräne Ausstrahlung. Günther war provinziell wie ich, ahnungslos wie ich in Sachen Eros, noch immer Jungmann wie ich.

Doch, ich kannte Freundinnen, mehr als »rummachen« war jedoch nicht. Sie waren klug, und nach dem Küssen redeten wir. Und ich merkte zum ersten Mal, dass man mit Mädchen gewisse Probleme nicht verhandeln konnte. Sie standen unter Verschluss, nur mit Freunden zu beraten. Nicht, weil ich davon ausging, die oder die wäre nicht hell genug. Nein, was man bereden musste, war »Männersache«, unverständlich für alle, die keine Männer waren. Denn bei ihnen durfte man die delikatesten Angelegenheiten auspacken, ohne als Schwein verjagt zu werden.

Nicht anders bei Frauen, habe ich mir sagen lassen, selbst sie machen bestimmte Problemzonen nur unter sich aus. Fern jedem Männerohr.

Die tiefste Sehnsucht, die mich immer dazu trieb, nach einem Freund Ausschau zu halten, war nicht die Unfähigkeit, allein zu sein. Das fiel mir nicht schwer. Ich brauchte auch niemanden, um mich zu beschützen. Niemanden, um – wenn es soweit war – meine Karriere zu befördern. Und die erotische Versuchung kam ja ebenfalls nie infrage. Es war stets und ausnahmslos das innige Verlangen, den einen zu finden, der mich verstand. Der so frech und geistreich war, dass wir auf derselben Flughöhe kommunizieren konnten. Der andere musste, ja, musste, mich bereichern. Flachköpfiges Gerede war untersagt. Das Wort »Mindfuck« würde ich irgendwann hören, genau das: mit dem Hirn vögeln, sich gegenseitig Gedanken schenken und gewiss jeden Tag scheitern mit dem Wunsch, die Welt zu enträtseln. »Stay hungry!«, doch das auf jeden Fall.

Im Lateinunterricht hatte ich von den »Peripatetikern« gehört, den Schülern des Aristoteles, die »umherwandelten« und dabei diskutierten. Das gefiel mir. Nebeneinander gehen und sich erzählen. Einer redet, und einer hört zu. Im dauernden Wechsel. Hinterher war ich selig. Erstaunlich, nichts Sensationelles war passiert, nur Worte, nur Wörter. Aber der harmlose Wahn erfüllte mich, danach das Leben ein wenig besser zu verstehen.

Es dauerte, bis der nächste Freund auftauchte. Ich hatte keine feste Adresse, keinen Beruf, keine Richtung, ich driftete. Bis ich mich entschloss, wohl aus Eitelkeit, in Salzburg am Mozarteum zu studieren. Dort lernte ich Bastian kennen, er entschied sich für »Regie«, ich für »Darstellende Kunst«. Er war überaus begabt, ich zuerst auch, doch die schnelle Anerkennung war erschwindelt: Ich konnte bluffen. Der Tag kam, und ich begann zu ahnen, dass ich mittelmäßig war. Durchschnitt, wie grauenhaft.

Was für meine Nähe zu Bastian, bizarrerweise, keine Rolle spielte. Ich war unglücklich, bepackt mit schweren psychosomatischen Problemen, schlich heimlich zu einem Therapeuten. Aber ich war zugleich anhänglich und absolut zuverlässig. Und Bastian war der perfekte Peripatetiker. Er führte mich an Sprache, an Literatur heran, ich tröstete ihn, wenn er sich über seine anstrengende Ehe beschwerte. Wir gingen in jeden Film, wir lasen um die Wette, wir redeten in jeder Sekunde, in der wir uns sahen. Wir reisten nach Paris, nach Prag und Venedig. Jeder wusste von unserer Freundschaft, und ich dachte, sie wäre fürs ganze Leben.

Dann, nach dem Studium, nach ein paar Jahren, war sie vorbei. Anlass war ein simples Telefongespräch zwischen ihm – inzwischen als TV-Regisseur gefragt – und mir, noch immer Versager. Er sagte, genau so: »Du schaffst es nie, du bleibst ein Loser.«

Einen solchen Satz darf ein Freund nicht sagen. Nie. Kurioserweise las ich gerade »Der Graf von Monte Cristo«, ein Buch, das mir Bastian, noch in Salzburg, geschenkt hatte. Der Held des Romans wird auch von einem Freund verraten. Reiner Zufall.

Ich legte auf, und unsere Geschichte war zu Ende. Der Graf zog in einen langen Rachekrieg, ich verstummte. Der Verräter und ich redeten nie wieder miteinander. Liebe kann Verrat verzeihen, Freundschaft nicht. Sie ist tot.

Nein, so kategorisch stimmt das nicht. Schon wichtig, im rechten Augenblick ein Stoppschild aufzustellen. Nicht hinzunehmen die Wunde. Aber die Jahre vergehen, und man kapiert, dass jeder einmal Wörter abfeuert, die er hinterher bereut. Ja, die sich tiefer ins Herz bohrten, als sie sollten. Ich mag mich nicht als beleidigtes Würstchen. Zäh Ressentiments mit sich herumzutragen ist ein dornenreiches Geschäft. Ich lasse also mit mir handeln. Kommt einer der »Täter« irgendwann auf mich zu, und ich spüre am Tonfall – er muss sich gar nicht expressis verbis entschuldigen –, dass er den Fehlgriff bedauert, dann ist der Vorfall erledigt. Und wir fangen wieder an, uns nah zu sein.

Ich wollte kein »MoF« werden wie mein Vater: ein Mensch ohne Freunde. Viel rabiater könnte ein Armutszeugnis nicht aussehen.

Ich zog erneut um und traf Bernhard. Wir waren beide Nieten und so begegneten wir uns auf gleicher Höhe. Obwohl seine Begabung als Designer unverkennbar war, nur der kommerzielle Erfolg blieb aus. Meine Talente, wenn denn vorhanden, hielten sich weiterhin hartnäckig zurück.

Doch, ich konnte durchaus von Nutzen für ihn sein: Ich schaffte ihn zu Orten, wo sich Frauen aufhielten, vor denen er sich zu Tode fürchtete. Angst und Begehren befehdeten sich in ihm, der eine Dämon so stark wie der andere. Zudem versaute er, seine Wohnung glich einer Abfallgrube. Einmal lieh ich mir sein Bett für eine Liebesstunde aus, die Freundin hatte vorsorglich ein frisches Leintuch mitgebracht. Doch wir mussten abbrechen, ein unheimlicher Geruch stieg hoch, ich schaute nach und fand unter dem Nachtkästchen verschimmeltes Schweinefleisch. Meine Versuche, die Renovierung seines Saustalls zu organisieren, scheiterten. Er sagte immer zu und im letzten Augenblick immer ab.

Unergründliches Menschenherz.

Bernhard war Künstler, er war kreativ, er war wach und lieferte steile, überraschende Gedanken. Er sah Dinge, die den meisten entgingen. Er war nebenbei ungemein musikalisch, komponierte auf seinem Synthesizer, nahm an einem Wettbewerb teil – und gewann. Ging es ihm gut, war er großzügig und hilfsbereit. Kamen die dunklen Tage – sein kränkelnder Körper, die falsche Frau, mit der er eine Tochter und einen Sohn zeugen sollte, der Ruhm, der nicht eintreffen wollte –, dann floss braune Soße aus seinem Kopf, dann polterte er wie ein Law-and-Order-Spießer, badete in Selbstmitleid und beschimpfte die Welt: auch die tatsächlich unerquickliche Frau (die ihn irgendwann entsorgte), auch seine Kinder (die ihn ebenfalls verließen), auch mich. Sein Lieblingsvorwurf: Liebesentzug meinerseits.

Solche Wahrnehmungen sind wohl ein Erbe aus seiner Kindheit, die er in sein Erwachsenenleben mitgeschleppt hatte. Er sah nicht die Realität, er sah, was ihm früher, viel früher zugestoßen war.

Ich müsste lange nachdenken, ob jemand mehr ätzendere Nachrichten auf mich abgefeuert hat als er. Ob ein halbes Hundert reicht? Einmal fiel mir nach dem Lesen einer seiner Briefbomben (später kamen sie per Mail) ein Spruch aus England ein: »Who needs enemies with friends like you?« Bei ihm lag man immer auf der Lauer, nie sicher, wann die nächste Breitseite detonierte. So ein Urvertrauen, das irgendwann zwischen Freunden entstehen sollte, breitete sich nie aus. In manchen Augenblicken erinnerte er mich an meinen Vater: unrettbar verstrickt in die eigene Scheiße. Wie der alte Nazi schien er untröstlich zu sein über die Tatsache, dass das Leben nicht seinen Sehnsüchten entsprach. Gleichwohl hatte er überreich Gaben. Aber Bernhard hat nie begriffen, dass sie allein nicht reichen. Ein unbedingter Wille muss her, um sich durchzusetzen, sich bemerkbar zu machen. Den besaß er nicht. Der Rotz fehlte. Und Glück muss dazukommen. Doch auch dafür braucht es Begabung: es erkennen und zupacken, nicht zaudern.

Warum ich standhielt – und heute noch standhalte? Weil ich sein Können bestaune. Unverbrüchlich. Weil es warme, friedliche Momente mit ihm gibt. Weil ich mir beweisen will, dass ich zum Freund tauge. Weil ich – klingt das zu feierlich? – mitfühle mit ihm, ja, sehe, wie er – der Jähzornige, *the king of uncool* – in den Untiefen seiner allerersten Verletzungen schmort. Und weil ich ihn, zuletzt und so bemerkenswert, dabei überrasche, wie er mit sich hadert, wie er davon träumt, mondäner mit sich, mit der Welt und mir umzugehen, nicht mehr so ausgeliefert seinen infamen Aggroschüben.

Es ging aufwärts mit mir. Ich zog nach Wien, nach Paris, nach New York, nach Mexico City. Und immer traf ich Männer, die mich begeisterten. Ihr Esprit, ihre Wachheit, ihr so anderes Leben. Unvergessen der schon erwähnte Masazumi aus Yokohama, den ich in New York kennenlernte und der eine Höflichkeit und eine Generosität an den Tag legte, die mir weltrekordverdächtig vorkamen. Ein Gen musste er besitzen, von dem ich nichts wusste.

Ob wir – sie und ich – Freunde waren? Vielleicht nicht, denn das Jahr, die eineinhalb Jahre reichten nie, um uns auf die Probe zu stellen. Zudem will ich dieses muskulöse Wort nicht entmannen, indem ich jedem, der mir sympathisch ist, den Lorbeerkranz »Freund« umhänge.

Heute, in den modernen Zeiten, den Hochzeiten der Fake News, hat es Mister Zuckerberg mithilfe von Facebook geschafft, diesen so exklusiven Begriff bis auf die Grundmauern zu schleifen und ihn als nassen Furz dem großen Haufen anzudrehen: Ein »friend« im 21. Jahrhundert ist jeder, der sich zu einem Mausklick aufraffen kann. Einige Celebrity-Blödies bringen es auf astronomische Zahlen. Miss Kardashian – Alleinstellungsmerkmal: silikonzementierte Arschbacken – hat aktuell Abermillionen »friends«. Auf Twitter hat sie Abermillionen »followers«. Wie heißt es so trefflich: »Wer der Herde folgt, sieht nur Ärsche.« Wie sinnig doppeldeutig im konkreten Fall. Man darf vermuten, dass sich der Intelligenzquotient von Star und Fans in etwa die Waage hält.

Manchmal will man schreien, einfach nur schreien.

Als ich endgültig nach Paris zog und als Reporter mein Geld verdiente, traf ich wieder Männer, die ich zu schätzen lernte, die so vieles hatten, was man bei einem Freund zu finden hofft. Gerade in diesem Beruf gerät man in Situationen, die radikaler als sonst den Charakter eines Menschen zeigen: seinen Umgang mit Fremden, sein Verhalten unter massivem Stress, seinen Mut, seine Intuition, seine Fähigkeit, für sein Wort einzustehen.

Obwohl sie über das alles im Übermaß verfügten, reichte es nie zu einer strapazierfähigen Freundschaft: Ken, der Fotograf aus Südafrika, den ich in todgefährlichen Momenten erlebt hatte, wurde irgendwann erschossen. Cecil, der französische Künstler, dessen Fotos wie Gemälde aussahen, dämmerte in eine unheimliche Depression. Florent, dem ich jahrelang sein Studium mitfinanziert hatte, wurde Alkoholiker und vergaß mich und seine Schulden. Uwe, ein deutscher Fotograf, mit dem ich in der halben Welt unterwegs gewesen war und der so viele Eigenschaften besaß, um die ich ihn beneidete, nun, Uwe machte unserer Nähe mit der bizarrsten Erklärung ein Ende, die sich vorstellen lässt: Ich hätte ein Verhältnis mit seiner Freundin gehabt. Aber ja, das gebe Anlass, sich voneinander zu verabschieden, denn die Frau eines Freunds soll unberührbar sein. Der groteske Clou jedoch war die Tatsache, dass die beiden sich bereits vor mehr als zehn Jahren getrennt hatten. Sein Anspruch war folglich »verjährt«, ganz egal, ob ich mit ihr intim war oder nicht. Etwas Unfassbares trieb ihn um, ich weiß es bis heute nicht.

PS: Wir näherten uns nochmals an, er entschuldigte sich sogar. Doch die frühere Vertrautheit gelang uns nicht wieder.

In Wien lernte ich Ferdi kennen. Er hatte mir auf eine meiner Kolumnen gemailt, die er in der lokalen Presse entdeckt hatte. Bei einer Lesung vor Ort trafen wir uns. Ferdi war ein Geschenk, ein hübscher Schwerenöter, ein Möbeldesigner von höheren Graden, ein Einzelstück, stets in Clinch mit den Schafsnasen seiner Umgebung. Er wollte weg, das so ansehnliche Austria war ihm zu hausbacken, bisweilen zu braun und zu katholisch. Er vibrierte, wenig entging ihm. Das Satte, diese protzige Selbstzufriedenheit franste an seinen Nerven.

Ich spornte ihn an, lieh ihm Geld (längst zurückbezahlt), er verkaufte den Hausrat und verschwand nach Südostasien, schaffte alle Prüfungen, wurde Englischlehrer, zog von Land zu Land, unterrichtet heute in Kambodscha und lebt als *gentleman farmer* in paradiesischer Natur. Eher überflüssig die Meldung, dass er auch dort als *homme à femmes* auffällig wurde. Immerhin da war ich ihm ebenbürtig: in unserem Glauben, dass noch immer nichts Umwerfenderes im Universum entdeckt wurde als eine schöne Frau.

Sein gefräßiges Hirn. Ferdi hält Neues aus, selbst Gedanken, die verunsichern. Jede Art Kommunitarismus, jede Heimat, die eng und vernagelt daherkommt, ist ihm verdächtig. Kreise, in denen Gebissträger nur Gebissträger kennenlernen wollen und Juden nur Juden und Fleischfresser nur Fleischfresser und Dicke nur Dicke und Asexuelle nur Asexuelle und Germanen nur Germanen und Einarmige nur Einarmige, all diese debile Inzucht verachtet er.

Würde er via Internet nach einem Freund oder einer Liebsten suchen, er würde wissen lassen, dass ihn die »Rasse« und die Herkunft und der soziale Status und das Gerede der Eltern und der Nachbarn und das des Dorfpfarrers in nichts interessierten, er aber gern jemandem begegnete, der den Kopf voller Welt hat.

Deshalb verdient Ferdi jeden Tag den Ehrentitel »weltwach«. Und den anderen Meistertitel »unscheinheilig«. Oft vergeht keine Woche, in der wir nicht per Mail gemeinsam ablästern, nicht mit Vergnügen über die Schwachsinnigkeiten herziehen, denen wir wie alle Erdenbürger ausgeliefert sind.

So geht das seit zehn Jahren. Und obwohl bisher nie der Tag X kam, an dem einer dem andern untrüglich beweisen konnte, dass wir beide uns Freunde nennen dürfen, weiß ich, dass er die Prüfung bestehen würde.

Ferdi ist meine Fernliebe, meine bombensichere Anlage, mein Wertpapier, das nicht verfällt.

Fernliebe? Ich will es gleich wieder streichen, lieber soll es Fernfreundschaft heißen. Müsste ich mich entscheiden zwischen Liebe und Freundschaft, ich würde die Freundschaft wählen. Sie ist das höhere Gut, greifbarer, zweifelloser. Liebe kann keiner definieren, in ihr lauern zu viel Fährnis, zu viel Treibsand, zu viele Grauzonen, von denen die Liebenden nichts ahnen.

Auf einer meiner Reisen durch Amerika kam ich nach Big Sur, irgendwo zwischen San Francisco und Los Angeles. Gäbe es Götter, sie würden hier ihren Himmel aufschlagen. Und jeden Abend – vor sich den Pazifik – ein bisschen den Verstand verlieren, wohl fassungslos beim Anblick der Schönheiten, die sie gezaubert haben.

In der »Henry Miller Memorial Library«, mitten in Big Sur, traf ich Emil White, über den Henry einst sagte: »Er war ein Freund, lange bevor ich ihm begegnete, und er wird es lange nach meinem Tod sein.« Als ich anklopfte, war der berühmte Schriftsteller schon tot, aber Mister White, der die Bibliothek und Gedenkstätte für seinen Freund aufgebaut hatte, lebte noch, begrüßte mich herzlich, ließ sich ausfragen und breitete die Fotos ihrer herrlichen Frauen auf dem Tisch aus, Millers Geliebter, seiner Geliebten, ihrer gemeinsamen Geliebten, splitterfasernackt hingestreckt zwischen den Felsklippen von Big Sur, wo die Freunde achtzehn Jahre verbracht hatten.

Seitdem ich den Mann kenne, den ich hier zuletzt vorstellen möchte, denke ich an die beiden Amerikaner und ihre nie verratene Freundschaft. Ich weiß, keiner von uns – nicht »Stüri«, so rufen ihn alle, und nicht ich – sind Henry oder Emil. Doch etwas »jenseits von Liebe« mischt mit. Er ist mir nah wie mein Herz.

Vor einer Generation haben wir uns kennengelernt. In Paris, wo er schon lange lebte und wohin umzuziehen ich bereits geplant hatte. Er war Freelance-Reporter wie ich und bereitete für *GEO* – diesmal als freiberuflicher Redakteur – ein »Paris Special« vor. Er schätzte meine Arbeit und wollte, dass ich zwei Reportagen beisteuere.

Es gibt Zeitgenossen, in deren Nähe herrscht Feindesland. Jedes Wort ein Messer, jeder Satz eine Giftwolke. Man geht heim und will sich desinfizieren. Bei Stüri nicht. Nach unserem Gespräch lag ich wie ein Teenie im Bett, der zum ersten Mal seine künftige Liebste getroffen hat. Klar, ohne jeden lasziven Nebengedanken.

Stüri hatte alles, was mir an einem Mann gefiel: seine Männlichkeit, ja, diese männlichen, unaufgeregten Bewegungen, das gut geschnittene Gesicht, sein Humor, sein rasantes Hirn, seine schöne Frau. Da sie an dem Abendessen in einem Restaurant teilgenommen hatte, redeten wir Französisch. Und mein Staunen steigerte sich nochmals, weil mir bisher unfassbar schien, dass ein Deutscher so geschliffen diese Sprache beherrschen konnte.

Die Andacht einer erblühenden Freundschaft. Als er mich zum ersten Mal zu sich nach Hause einlud, sah ich – und ich halte derlei Lebensformen normalerweise nicht aus – einen Familienbetrieb, der so anders ablief: Kinder, die ihren Vater vergötterten, und ein Vater, der sie liebte. Von Anfang an – wenn irgend möglich – nahm er sie mit auf seine Reportagen. So wuchsen Jugendliche heran, die heute als Weltbürger unterwegs sind. Kein Wunder, dass ich mir damals einen wie ihn – gewiss nicht älter als ich – als Vater wünschte. Wie infantil, doch formidabel erschien mir die Idee, mit Großmut, mit Herzenswärme und Liebe zur Sprache erzogen zu werden. Ohne einen Funken Gewalt, ohne Anmaßung, ohne einen, der seinen Psychomüll an die Nachkommen weitervererbte. Stüri war ein Weltmann und in diesem Sinne kümmerte er sich um die zwei Töchter und den Sohn. Dass kein Anflug bürgerlicher Moral, dieser Mix aus Rechthaberei und Borniertheit, je bei den fünf einzog, niemand muss es hier erwähnen.

Er trug Landschaften der Kraft und der Geduld in sich, die man nur ungläubig zur Kenntnis nehmen konnte.

Keiner entkommt seiner Haut. Meinen Vater wollte ich mit Bravour und exzellenten Noten bestechen. Um mir Zuneigung zu kaufen. Was misslang, ich war nicht bravourös und nie exzellent. Und der Alte wohl zu ruiniert, zu kriegskaputt, um sich Gefühle leisten zu können.

Mit meinen Freunden machte ich es nicht anders. Da stets davon überzeugt, dass Gunst und Liebe umsonst nicht zu haben seien. Deshalb der Versuch, sie zu beeindrucken. Mit eher mäßigem Erfolg, vermute ich.

Als ich Stüri traf, hatte ich die Zone der Nullen bereits verlassen, hatte als Schreiber Lob erfahren, verdiente mehr, als ich benötigte, erhielt die ersten Preise. Das beruhigte mich, mein Selbstwertgefühl stieg, nicht enorm, doch es legte zu. Außerdem gab es in Stüris Nähe keinen Grund, sich aufzuplustern, da er nie überheblich auftrat, nie. Obwohl er über hundert Pluspunkte verfügte, zudem als brillanter Reporter galt, zudem drei Fremdsprachen beherrschte. Manche wären vor Dünkel geplatzt, er nicht.

Stüri und ich begingen keinen Fehler. All die Jahre nicht. Wir hatten Fähigkeiten, die einander ergänzten: Er korrigierte mein Französisch, und ich lud ihn zu seinem ersten Kokaingenuss ein. War er zwischendurch »un peu bloqué«, ein wenig pleite, war ich zur Stelle. Er wiederum verschaffte mir immer wieder Arbeit, und ich enttäuschte ihn nie. Ja, ich bettelte, und Stüri engagierte als Redakteur sogar zwei Freundinnen von mir, die am Anfang ihrer Karriere standen. Er riskierte es, aus Verbundenheit zu mir. Und redigierte stillschweigend und schweißtreibend die gelieferten Manuskripte nach.

Irgendwann traten wir gemeinsam gegen eine mittlerweile vom Größenwahn infizierte Chefredaktion an. Eines megaberühmten Magazins. Für das wir oft gearbeitet hatten. Unsere Texte gerieten immer häufiger unter das Schlachtbeil eines obersten Besserwissers, eines Selbstherrlichen, der dem fantastischen Irrglauben verfallen war, dass nur unter seiner Aufsicht deutsche Sprache würdig obwaltet und formvollendet geschmiedet wurde. Gewiss, wir waren nicht die Einzigen, deren Arbeiten penetrant bemäkelt wurden, aber wir waren die Ersten, die sich lautstark und renitent zur Wehr setzten. Wobei Stüris Mut entschieden mehr zählte, denn er musste fünf ernähren, ich nur mich.

Wir hörten nicht auf, uns gutzutun: Wir standen beide, jeder für eine veröffentlichte Reportage, auf der Shortlist eines höchst angesehenen Preises und flogen nach Hamburg. Nach der Feier – keiner von uns bekam die Auszeichnung – dachte ich, dass wir dennoch eine Trophäe verdient hätten. Und so fragte ich Hanna, eine Freundin, die ich zu der Veranstaltung eingeladen hatte, ob nicht nur wir zwei – wie vereinbart – die Nacht miteinander verbringen sollten, sondern wir alle drei. Und Hanna blickte auf Stüri, lächelte wunderlich weiblich, und ich holte Stüri zu uns und schlug vor, dass sie ein bisschen probeschmusten. Um sicher zu sein, dass alles seinen wundersam erotischen Weg geht. Und sie schmusten und küssten sich wie Götterkinder.

So flanierten wir zu dritt in mein Zimmer im Intercontinental. Und wir wussten wieder einmal, dass Liebesspiele – wenn die Beteiligten nur wissen, wie lieben und wie spielen – zu den herrlicheren Beschäftigungen eines Menschenlebens gehören.

Stüris Ehe bekam Risse, nun, die üblichen Abnutzungserscheinungen. Die stürmischen Nächte lagen irgendwann in ferner Vergangenheit, und die typische Nulldiät hatte im Ehebett Einzug gehalten. Aber Stüri war Mann, und zu einem Männerleben gehört eine begehrende Frau. So warb er um die schöne Tara. Was zur Folge hatte, dass ich in ein Café wanderte, wenn die Geliebte nach Paris kam. Was war ich beschwingt bei dem Gedanken, dass sich *les deux amoureux* nun auf meinem Futon wälzten und einander *sweet nonsense* ins Ohr flüsterten.

Das Kapitel muss jetzt aufhören, obwohl ich noch stundenlang das Lied unserer Freundschaft singen könnte. Ach, was für eine Heimat habe ich in Stüri gefunden. Der englische Romancier E. M. Forster hat den folgenden Satz nur für uns beide geschrieben: »Wenn ich wählen müsste, entweder mein Land oder meinen Freund zu verraten, dann hoffe ich, genug Mumm zu haben, mein Land zu denunzieren.«

Stüri ist mir näher als Deutschland. *I bow to the superior man!*

Das Glück des Augenblicks: New Delhi

Mira lernte ich in der indischen Hauptstadt kennen, wo sie am Goethe-Institut arbeitete. Wie hilfsbereit sie war, wie schnell im Kopf, wie scheu. Ich war als Reporter unterwegs, und sie wusste so vieles, von dem ich keine Ahnung hatte.

Als sie mich Monate später im fernen Europa besuchen kam, wurde die Nähe intim. Und sie und Mira waren ein Desaster. Eine erwachsene Frau, erfolgreiche Literaturdozentin, mehrsprachig, so indisch schön, verfügte über das erotische Raffinement einer unglücklichen Nonne, eckig und linkisch, auch furchtsam, wohl Opfer – wie ich vermutete und sie irgendwann bestätigte – einer typischen Tochtererziehung in ihrem Land: Sex ist eher ruchlos, Männer sind meist Schweine und beides zusammen der Nährboden endloser Katastrophen.

Ich verstand jedes Wort, hörte ich doch in meinen Kinderjahren ähnliche Hetzreden, nur mit dem Unterschied, dass bei mir, dem »Mann«, die Frauen als niederträchtig geoutet wurden. Verschärfend kam hinzu, dass Sex nicht nur eine Schweinerei war, sondern umweglos ins Reich aller denkbaren Todsünden führte.

Nun war ich wieder in ihrer Stadt. Ich rief sie an, und wir verabredeten uns für das *Zen*, ein Restaurant am Connaught Place. Ich bewunderte Mira noch immer – für ihren rastlosen Geist, ihre Melancholie, ihr elegantes Englisch. Wonnevolle Nebengedanken? Nein, das Kapitel war erledigt, ich hatte längst beschlossen, uns zwei für jede Zukunft damit zu verschonen. Die 33-Jährige verfügte über andere Trümpfe, mehr als genug.

Unergründliches Menschenherz in einer Umgebung, in der gerade so vieles stimmte: das smarte Dekor, der umsichtige Service, Miras sprudelnde Gedanken. Dann geschah es. Als ich mich nach dem anschließenden Spaziergang von ihr verabschiedete, legte sie ihre rechte Hand – wir standen in einem toten Winkel, uneinsehbar – an meinen Hals und küsste mich. Wundersam gekonnt, wie eine, die sich auskennt mit Männermündern. So sacht, so nachdrücklich. Hinterher sagte sie wie selbstverständlich: »Ich komme mit in dein Hotelzimmer.«

Ich wankte eine Sekunde, eine Schrecksekunde. Blitzartig fielen mir unsere Nächte ein, auch mein Schwur, sie nie zu wiederholen. Kümmerlicher Sex ist unzumutbarer als gar keiner. Lieber keusch und allein in einem Bett liegen als mit jemandem, von dem man nichts mehr ersehnt als sein diskretes Verschwinden.

Doch Miras nächtlicher Kuss schmeckte so anders als meine Erinnerungen. Also lächelte ich, überaus erstaunt, und hörte mich – wenig originell – sagen: »Gewiss, lass uns zusammen sein.«

Da wir uns in Indien befanden, wo sie noch scheinheiliger sind als bei uns, schlug ich vor, dass wir getrennt an der Rezeption vorbeigehen. Und Mira, früher vorsichtig und bedacht, stellte sofort klar: »Nein, wir verheimlichen nichts. Sonst bleibt es für immer, wie es ist.« Okay, das war die zweite Überraschung.

Die dritte war unsere Nacht im nahen *Nirula Hotel.* Irgendein Wunder musste inzwischen über diese Frau gekommen sein. Alles, was sie tat, waren die Taten einer begabten Geliebten. Natürlich habe ich sie gefragt, wie diese rätselhafte Wandlung passiert sei. Aber Mira blieb vage, wusste keinen konkreten Grund, meinte lachend, dass irgendwann ein Gen in ihr geplatzt sei, das eine, das zuständig ist für Sinnenfreude und Leidenschaft. Spontanheilungen bei Krebskranken fielen mir ein. Wir kicherten vergnügt. Es war, wie es war. Und es war gut.

Seltsam, ich mochte New Delhi nie. Doch ab dem folgenden Morgen änderte sich das. Bizarr, denn die Stadt war wie jeden Tag: lärmig, stinkig, dreckig wie eh. Jetzt jedoch war sie eine Stopover-Heimat geworden: nicht, dass ich in dem 21-Millionen-Moloch leben wollte. Doch wann immer ich hier in Zukunft landen sollte, überkam mich ein Gefühl von Vertrautheit.

Schon wunderlich, wie der warme Atem einer Frau den Blick auf die Welt verändern kann.

HEIMAT

Dass dieses Buch ein Heimatloser schreibt, ist eine gute Idee. Sagen wir, er hat seine »natürliche« Heimat verloren, nein, er hat sie verlassen. Im Laufschritt, fluchend, unter Tränen der Freude, unter Tränen frisch bezogener Prügel. An einem heißen Junitag, zum letzten Mal blutig geschlagen von seinem Alten.

Kein Tropfen Selbstmitleid steckt in diesen Sätzen. Dass ich dieser Brutstätte prügelnder Lehrer, Priester und Nazis entkommen bin, hat sich als einer der Glückspfeiler meines Lebens erwiesen: Ich würde eine andere Heimat finden, ein oder zwei Milchstraßen sensationeller als der Furz, der endlich hinter mir lag.

Viel später werde ich in einem Interview von Harry Houdini lesen, dem ungarisch-amerikanischen Wunderknaben, der sich aus jedem Käfig, jeder Kette und jeder Zwangsjacke befreien konnte: »Meine größte Entfesselung war, meiner Heimatstadt in Wisconsin entflohen zu sein.« Grandios.

Für andere ist ihre Heimat ihr Ein und fast Alles. Sogar als Leiche – sollten sie außerhalb ihrer Gegend sterben – lassen sie sich zurückfliegen. In Südafrika habe ich eine Familie kennengelernt, die ihr ganzes bisschen Geld investierte, um die Flugkosten für den Sarg eines Onkels zu finanzieren. Damit er anschließend von heimischen, nicht ausländischen Würmern aufgefressen wird. Hört sich das zynisch an? Überhaupt nicht, nur erscheint es mir unfassbar rätselhaft.

Aber ja, des Menschen Wille ist sein Himmelreich. Und befände es sich zwei Fuß unter der Erde. Wo es dunkel, kalt und einsam zugeht. Auch eine Heimat. Ich will es stilvoller haben – die Ewigkeit lang, die sich die Welt nach mir drehen wird: Ich will verfeuert werden. Und dann als Asche – welch närrischer Wunsch – im Indischen Ozean versinken. Der ist warm und grün und voller Überraschungen.

Zurück zu den Lebenden. Natürlich verstehe ich das Wort »Heimweh«. Wenn das Heim und die Heimat, die ein Kind erlebt hat, Lichterketten der Freude in ihm angezündet haben, wenn Frauen und Männer auftraten, die tatsächlich erwachsen waren und ihre Psychospasmen nicht an den Kleinen, den Schwächsten austobten, wenn dort Freundschaften und Liebschaften passierten, wenn man wachsen durfte wie Pippi Langstrumpf, kichernd, streunend, entdeckend, auch Trauer, auch Verlust. Und dabei stets – die Kindheit als Initiationsritus – sein Werkzeug, seine Waffen zu schmieden lernte. Um es eines Tages mit der Wirklichkeit aufzunehmen, mit den Herausforderungen des Lebens.

Wie selbstverständlich, dass so ein Mensch, so ein Glückspilz, seiner Heimat verbunden bleibt. Auch wenn es ihn später weit weg verschlagen sollte. Wäre ich in Paris aufgewachsen, ich benähme mich nicht anders als alle Heimatverliebten. Ich würde Tränen der Verzagtheit flennen, wenn ihr etwas zustieße.

Vor nicht so langer Zeit war es soweit, islamistische Schwerverbrecher kamen vorbei und mordeten. Die Pariser und ich, obwohl nur Zugereister, heulten. Immerhin war es die Stadt, in der ich nach manchen Umwegen gestrandet bin, da doch immer besessen von dem Wunsch, dort anzukommen, wo Geist und Schönheit umgehen.

Man sieht, dass eine neue Heimat, auf die man kein Geburtsrecht hat und deren Spielregeln man erst begreifen muss, viel inniger erfüllen kann als ein Fleck, den man als Geburtsort lieber verheimlichen möchte. Die Wissenschaft verweist auf die Plastizität des Gehirns. Das Herz versteht das nicht weniger: sich verändern, sich anpassen. Die wichtigste Voraussetzung dafür ist die zuerst so scheußliche, dann so fulminante Einsicht, dass in einem Menschenleben Ewigkeiten nicht stattfinden. Hält einer das aus, so hat er das Grundgesetz des Lebens verstanden. Er ist zudem gefeit gegen den Tod an einer Überdosis Illusionen. Konkret: Geht die Heimat verloren, aus welchem Grund auch immer, so suche man eine andere. »Le pire n'est jamais sûr«, *das Schlimmste ist nie sicher,* behaupten sie in Frankreich. Umgekehrt formuliert: Eine Niederlage kann sich eines Tages in einen Glücksschrei verwandeln. Ich weiß, worüber ich rede.

Schnell gesagt. Sich fügen in eine fremde Umgebung verlangt Wissen, Bildung, die entsprechenden Mittel. Wer bis Mitte fünfzig auf einem Esel durch Anatolien ritt, nur die paar Leute und die paar Esel im eigenen Dorf und im Dorf nebenan kannte, wer außerdem Frau war und die Realität nur verschleiert wahrnehmen durfte, wer also so radikal ignorant in der Welt lebte, wie soll so ein Mensch im Märkischen Viertel von Berlin heimisch werden? Alles fehlt, die Sprache, der Nachbar, der Esel, die Religion und – das Entscheidende – der unbedingte Wille, Neuland zu betreten. Im Kopf, im alltäglichen Leben.

So bunkert man sich ein, lernt kein Wort Deutsch, will nichts von Deutschland erfahren, verfügt nach Jahren nur immer über Hände und Füße, um mit der (bedrohlichen) Außenwelt zu kommunizieren. Und wird jeden Tag wütender über die neue Heimat, von der man nie etwas wissen wollte. Aber in die man musste, vertrieben von Armut.

Ich hatte es einfacher. Da ich in Mitteleuropa – Glück hat ja bekanntlich mit Geografie zu tun – aufwuchs, zudem zur Schule ging, so täglich von der Welt erfuhr, gewiss mich auch Neugierde und Zorn antrieben, war ich gerüstet für die Flucht.

So haben wir die Frau auf dem Esel, die, von wirtschaftlicher Not gezwungen, davon ist, so haben wir einen Halbwüchsigen, der den seelisch kaputten Vater nicht mehr ertrug, und wir haben Kenneth, den Flüchtling aus Angola: Ihn jagten gleich zwei Gründe aus Afrika, die Misere eines aussichtslosen Elends und sein politischer Widerstand. So sagt er. Bei einer Kontrolle seiner Papiere in Paris lernten wir uns kennen. Ich stand zufällig in der Nähe und half beim Übersetzen. Der Mann sprach Englisch und Portugiesisch, aber kaum Französisch. Die Polizei benahm sich korrekt, die Aufenthaltsgenehmigung war in Ordnung, und wir gingen in ein Café.

Seine Geschichte ist lang und kompliziert. Von Luanda gelangt er relativ ungefährdet nach Bamako, die Hauptstadt von Mali: heimgesucht von biblischen Strafen, wobei die korrupte Regierung, die korrupte Opposition und der islamistische Terror ganz oben stehen. Bamako – keiner sucht dort Asyl – dient nur als Drehscheibe, um nach Europa zu gelangen. Über zwei Routen kommt man dorthin: Die eine, weniger benutzte, führt durch Mali und Algerien nach Algier, die andere durch Burkina Faso und Niger an die Küste Libyens. Beide ziehen durch Wüstengebiet, bevölkert von versprengten Ex-Soldaten Gaddafis, religiösen Fanatikern und gewaltlustigen Kanaillen.

Kenneth entscheidet sich für die gefährlichere Strecke, die in Tripolis endet. Wenn man denn Glück hat. Aber auf dieser Verbindung ist der Verkehr dichter, es gibt mehr »coxeurs«, die berüchtigten Schlepper, die den Konvoi der Pick-ups organisieren, die potenziellen Passagiere zusammentreiben, die erste Rate kassieren. »Wir waren 35 auf der Ladefläche, gerade genug Platz, um zu sitzen.« Den Wasserkanister zwischen den Beinen, einen Beutel mit Couscous obendrauf, wenige Habseligkeiten.

Zwölf Monate dauerte Kenneths Reise, die man in ein paar Tagen schaffen könnte. Immerhin, bis nach Madama, dem Grenzposten in Niger: nur freie Fahrt. Doch hier nimmt das Malheur seinen Anfang, der Ort ist verrufen, ein Schmugglerloch für Whisky, Zigaretten, Drogen und Menschen. Die klimatischen Verhältnisse sorgen für den Rest, in jedem fünften Jahr regnet es einmal, und die Temperaturen steigen bis fünfzig Grad. Überall, Schatten haben sie hier nicht.

Und die Grenzer zocken ab. Damit die Migranten zügiger die Scheine herausrücken, gibt es Prügel. Ein bisschen, denn die coxeurs – die mit den Ganoven auf dem langen Weg zusammenarbeiten – achten darauf, dass die Frauen und Männer vollständig bleiben. Wichtig fürs Geschäft, da die Beute noch viele, viele Tage und Nächte ausgebeutet werden soll.

Eine Hand beschmutzt die andere.

Ein dickes Buch würde für Kenneths Odyssee nicht reichen. Aus Platzgründen nur schnelle Stichpunkte: Versinkt das Vehikel im Sand, werden die Flüchtlinge wieder geschlagen, klar, sie sind schuld, sie sind zu viele. Dass das »Übergewicht« mit der Gier der Prügler zu tun hat, diese Idee taucht in ihren Köpfen nicht auf.

Die 35 landen in Karawansereien, mit unbegrenztem Aufenthalt, weil nun andere Schlepper übernehmen, die alten und neuen Spediteure bisweilen streiten, um Geld, um Prozente, wer mitdarf und wer nicht, welche Frauen – zumindest vorübergehend – dableiben müssen. Um noch anderweitig die Fluchtgebühren zu begleichen. Zwangsweise, was sonst.

Aus Kenneths Erzählung wird ersichtlich, dass die knapp drei Dutzend nicht als Brüder und Schwestern unterwegs sind. Animositäten bilden sich, die Seuche Religion – Christen und Muslime Seite an Seite – scheuert an den Nerven. Noch ein Unterschied: Manche haben genug Bargeld, manche nur einen Teil, die Letzten nur ein Minimum. Achtung, Diebstahl, auch das gehört zur Tagesordnung.

Kenneth ist Agnostiker, er hält sich bedeckt, laviert, vermeidet jede Auseinandersetzung. Er weiß, dass es dabei keine Sieger gibt, nur erschöpfte, meist aggressive Rechthaber.

Geht es weiter, dann – so einmal passiert – lauern bei Einbruch der Nacht Raubritter, die den Weg versperren, die zwei Fahrer mit Kalaschnikows bedrohen, die Menschenfracht auf ihren Truck umladen (wo bereits andere Migranten sitzen) und libysche Dinar fordern für den nächsten Abschnitt, für den längst bezahlt wurde. Da nun noch weniger Platz zur Verfügung steht, müssen sie – kein Widerwort fällt – Gepäck abwerfen. In den Sand, unwiederbringlich.

Der Einzelne als absolutes Opfer, das nicht viel mehr hat als sein Leben, und auch das nur so lange, wie sein Geld und sein Körper reichen. Der entweder als Arbeitstier oder als Sexobjekt missbraucht wird. Wenn nicht für beides.

L'enfer, c'est les autres, *die Hölle, das sind die anderen.*

Kenneth erzählt ruhig, gefasst. Gibt es keine Karawanserei, keinen Hof mit Räumen rundherum, in denen versiffte Matratzen liegen, dann gibt es leere Häuser, eher Ruinen, in denen nichts zu finden ist, da bereits gründlich »entkernt«.

Mehrmals landen sie auf einem kargen Stück Acker, die Erde als Bett. Überall warten sie, weil es aus unerfindlichen Gründen nicht weitergeht, suchen nach Nahrung, ducken sich, gehorchen, sind Tag und Nacht ausgeliefert. »Polizei« – auch Banditen laufen in Libyen mit Uniformen herum – kommt vorbei, schreit, schüchtert ein, fordert ein Bakschisch. Sind sie gut gelaunt, schießen sie in die Luft. Sie haben die Macht, unüberhörbar.

Manchmal verhören sie. Mutwillig, ohne jeden Sinn. Aus schierer Langeweile, so Kenneth. Eines Morgens wird er herausgeholt, er sei ein »Spion«, denn von Angola hat hier niemand je gehört. Ab ins Gefängnis. Das war in Beni Oualid, noch knapp 200 Kilometer vor Tripolis. Ein dubioser Verdacht reicht, nicht einmal Indizien müssen her, von einem offiziellen Urteilsspruch nicht zu reden.

Sieben Monate Sinnlosigkeit stehen an, Schikanen inbegriffen. Dann zeigt einer der Wächter Mitgefühl – so scheint es – und lässt ihn frei. Nicht ganz. Er nimmt ihn mit und stellt ihn ein – als Sklaven. Für sein Feld, das Haus, die vielköpfige Familie. Immerhin bekommt er zu essen (nicht jeden Tag) und einen Schlafplatz in der Scheune (den immer). Striktes Verbot, das Grundstück zu verlassen. »Doch, doch, es war ein Aufstieg«, meint Kenneth über die Zeit als Leibeigener. Da er sich bizarrerweise in Sicherheit befand. Er sagt es ohne Sarkasmus.

Irgendwann darf er gehen, sein Eigentümer informiert den 32-Jährigen eines Morgens über seine Entscheidung. So wortkarg wie damals, als er den Gefangenen als kostenlosen Knecht bei sich unterbrachte. Und Kenneth geht. Ein Rechtssystem aus der Steinzeit. Der Mächtige greift zu, und der Ohnmächtige pariert. Schweigsam, verschwiegen.

Auf wundersame Weise hat der Ex-Volksschullehrer einen Teil seiner Ersparnisse gerettet, die eiserne Ration für die

Überfahrt. Und Glück hilft nun. Er findet Arbeit als Ziegenhirte (!), tatsächlich bezahlt. Ein Minimum, aber genug, um die restlichen Kilometer zu finanzieren. Und Gemüse und Falafel.

Freilich, Demütigungen, Erniedrigungen, Machtgebärden und der schwelende Bürgerkrieg bleiben, jeden Tag ist Kenneth Zeuge und Betroffener. Doch er kommt durch, kein Zuchthaus und keine Zwangsarbeit drohen mehr, er schafft es nach Tripolis, bis an den Strand.

Dann, nach insgesamt über zwölf Monaten, sitzt er in einem Schlauchboot Richtung Europa. Nachdem er sich vorher die Telefonnummer eines Freunds auf die Hose geschrieben hat. Damit man dort anrufen kann für den Fall, dass er als Toter aus dem Wasser gezogen wird.

Das Meer bleibt ruhig, die vielleicht hundert anderen Vertriebenen verhalten sich still, nur wenige reden. Auch holt sie kein Schnellboot konkurrierender Schlepper ein, um sie via Waffengewalt zurück zur Küste zu zwingen. Um sie ein letztes Mal zu schröpfen.

Der Steuermann hält Wort, sie landen tatsächlich in Pozzallo, an der Südspitze Siziliens. Seit einem Jahr ist Kenneth zum ersten Mal nicht in Lebensgefahr. Mehr nicht. Matteo Salvini ist bereits Innenminister, der Afrikaner schlägt sich nach Frankreich durch und dort – er spricht den phänomenalen Satz aus – »I met only good people«. Er meint Frauen und Männer, die für NGOs aktiv sind und ihm bei Behördengängen helfen, mit Taschengeld, mit einem Platz in einer Wohngemeinschaft. Er ist vorläufig »geduldet« im Land, arbeiten darf er nicht, er arbeitet trotzdem, als Aushilfskraft, da und dort und grundsätzlich schwarz.

Das ist eine erstaunliche Geschichte, in der Schweinehunde und Menschenfreunde auftreten. Und zwischen den Fronten Kenneths sagenhafter Wille, die alte Heimat aufzugeben, um eine neue zu finden. Was für Kräfte und wie viel Verzweiflung müssen in einem brodeln, um diese zwölf Monate durchzustehen. Um hinterher immer noch nicht zu wissen, ob ihm ein Staat eines Tages eine friedlichere Heimat schenken wird, ja, den Flüchtenden nie der Gedanke verlässt, dass jeder Schritt und jeder Schmerz vergeblich sein könnten: weil er irgendwann zurückverfrachtet wird. Zurück zum Nullpunkt. Per Flugzeug in achteinhalb Stunden. Tausend Mal schneller als der Hinweg.

Auf einer langen Zugfahrt nach Warschau notierte ich die Story des Angolaners. Im Speisewagen saß mir eine Frau gegenüber. Wir kamen ins Gespräch. Maria war Deutsche und auf Ferienreise durch Polen. Ihr Geld verdiente sie als »fliegende Krankenschwester«, so nannte sie ihren Beruf. Sie wird von (reichen) Hilfsbedürftigen gebucht, sie kommt zu ihnen, wohnt bei ihnen und kümmert sich um alles, die Krankheit, die Schwermut, den Haushalt. Sie erzählte von einem gewissen Hans Christian B., 92, nicht reich, sondern superreich und bis unter die Fingernägel geizig. Als er erfuhr, dass eine Nachbarin ein »schwarzes Kind« geboren hatte, meinte er trocken: »Sie bringt dreckiges Blut in unser Volk.« Wie überraschend doch: Man hat fast hundert Jahre, um zu lernen, und bleibt trotzdem hartnäckig blöd.

Drei Typen von Flüchtigen habe ich bisher beschrieben, die ihre Heimat verlassen haben und laut Soziologie zur Truppe der »Losgelösten« gehören: die Anatolierin – wegen Armut; ich – aus Hass; der Afrikaner – aus allen denkbaren Gründen. Die Türkin und ich hatten es leicht, und Kenneth lief unter hundsgemein schweren Bedingungen davon. Beneidenswert, so waghalsig setzte er sein einziges Leben aufs Spiel, so vehement folgte er seinem Ziel.

Es gibt mindestens noch drei weitere Spezies, die sich in ihrer Beziehung zur Heimat unterscheiden. Zuerst die vierte:

Das wäre der von den Göttern Bevorzugte, der eine eben, der nie wegziehen will aus der Gegend, wo er zur Welt kam. Da unverbrüchlich in sie verliebt. Wo keine Zweifel ihn plagen und die Nachbarn sich gegenseitig die Tage erleichtern, ja, jeder grundsätzlich bereit ist, ihr gemeinsames Glück mit Leib und Seele zu verteidigen: sollte eine Naturkatastrophe aufziehen. Oder fremde Krieger sie umzingeln. Oder heimische Schänder sie drangsalieren, die – nur eine Schandtat sei erwähnt – mit Vorliebe Wälder unter Autobahnen begraben.

Wenn so ein »Eingeborener« sich hin und wieder auf den Weg in die Ferne macht, dann vor Ort nicht sogleich in deutsche Wirtshäuser rennt, tatsächlich das Unbekannte aushält, nicht prompt nach Frauen und Männern Ausschau hält, die seine Sprache sprechen, so scheint er wunderlich klug verstanden zu haben, dass der Mensch beides braucht: Wurzeln, das wäre die Heimat, und Flügel, das wäre die Welt. So einem neidet man die Heimatliebe. Sie stimmt, kein Kitsch versaut sie, nie wird er als Hinterwäldler verdächtigt.

Dass viele in einer Heimat ausharren, die sie eher loswerden wollen, auch davon hat man gehört. Doch es handelt sich im folgenden Absatz nicht um Orte, an denen der Bewohner – verloren in einem Kriegsgebiet – morgens nicht weiß, ob sich abends noch alle vier Extremitäten an seinem Körper befinden. Auch keine Armut lehrt das Fürchten, die den Leib auf andere Weise verwüstet. Jetzt – Fall fünf – sollen Unorte verhandelt werden, Dystopien, Dreckslöcher, die hässlich sind, unerbittlich leblos und ausweglos. Weil keine Aufregung erlöst, von Glanz und Eleganz ganz zu schweigen. Wo durch die Köpfe nur noch Träume geistern, die nie ankommen.

Auf einer Reise durch Algerien kam ich nach Aïn Salah – mitten in der Sahara. Höllenheiß. Und eine Desertifikation – sieben Meter pro Jahr. Und rabiate Sandstürme. Man sah Häuser, von denen man nur noch die Dächer erkannte.

Zwei Stockwerke verschluckt von der Natur. Andere Behausungen waren noch zur Hälfte zu sehen, ihr Verschwinden nur eine Frage der Zeit. Tatsächlich wohnten Familien dort, jeden Tag schaufelten sie gegen ihr Schicksal an.

Ein Mann rief mich herein. Ich dachte hinterher, Zidane und seine Frau Samra freuten sich über die Abwechslung. Ein neues Gesicht in der ewig gleichen Monotonie. Wie in einer Falle saßen sie in dem einzig noch bewohnbaren Raum. Gehen die knapp zwanzig Quadratmeter in den Dünen unter, sind sie obdachlos. Natürlich gab es Tee, und Vater und Mutter – die vier Kinder schliefen, von Hitze erledigt – schienen nicht sonderlich bekümmert zu sein. Vielleicht waren sie es früher und wurden im Laufe der Jahre fatalistisch, auf undramatische Weise hoffnungslos. Zuletzt gab es ja Allah als stille Reserve, dem sie noch immer jeden Zauber zutrauten. Selbst Rettung in letzter Not.

Aïn Salah als Albtraum, Heimat als Zumutung. Eine von Zehntausenden. So manche befindet sich auch in Europa. In einer verbrachte ich meine Kindheit. Sogar die zwei Kinos – verdächtige Quellen geistiger Regheit – mussten schließen. So viel Glaube an die Himmelsjungfrau und so wenig Lust auf Hirn, das konnte nicht gut gehen.

Bei Zidane und Samra ist es so offensichtlich, warum sie nicht davonrennen. Nichts würde ihnen helfen, da sie nichts haben. Kein Geld, kein (anderes) Stück Land, keine Beziehungen. Sie würden ins Nichts rennen, wo es für sie nicht besser aussieht als hier. Man kann nur mitfühlen mit ihnen, doppelt mitfühlen mit den Kindern. Sie werden die Aussichtslosigkeit erben.

Andere verstehe ich nicht. Und kein Mitgefühl packt mich. Erst recht nicht, wenn sie im reichen Mitteleuropa leben. Ein Klassentreffen – meine ehemaligen Kameraden gehören in die sechste und letzte Gruppe – mit den inzwischen erwachsenen Männern, mit denen ich gemeinsam zur Volksschule ging, lieferte den Beweis: dass physische und intellektuelle Unbeweglichkeit – 90 Prozent von ihnen blieben im heimatlichen, seit Jahrhunderten hirntoten Kral oder in nächster Umgebung hocken – zu Muskelschwund führt: oben in der Schädeldecke und weiter unten an allen Ecken und Enden des Körpers.

Das sind gemeine Behauptungen, doch gewiss wirklichkeitsnah. Dabei hätten wohl alle – da finanziell solide und in einem freien Land lebend – die Möglichkeit gehabt, eine neue Heimat zu finden. Wo die Chancen geringer gewesen wären, schon ab dreißig im biederen Hyggeleben anzukommen. Dem aktuellen Elysium manierlich-zahmer Neo-Biedermeier. Wo 24 Stunden pro Tag »Wohlbefinden« angesagt ist. Nicht Herausforderungen, nicht Intensität, nicht Momente, die sich als kleine Wunder ins Herz brennen. Nein, traulich soll es sein.

Interessant war noch, dass die meisten der Ex-Volksschüler den Status quo nachdrücklich lobten. Wie super es doch hier sei, wie doch nichts fehle. Ihre Reaktion klang konsequent, denn zur Trägheit – das wäre die Weigerung zur Veränderung – kam der feste Wille, die Trägheit zu rechtfertigen. Das erinnert mich an Frauen und Männer, die in dösigen Beziehungen dahinwelken, sich jedoch standhaft weigern, den abwrackverdächtigen Zustand der Trübsal laut auszusprechen, geschweige ihn abzuschaffen.

Heimatliebe, dem einen glaube ich den mächtigen Schwur, dem anderen nicht. Für so eine Liebe braucht der Mensch Kraft. Und Mut. Ich werde sofort hellhörig, wenn einer forsch »Liebe« ausruft. Ich will dann wissen, ob er es mit dem muskulösen Wort aufnehmen kann oder eher leichtsinnig drauflosplappert. Liebe klingt sexy, was oft zu Falschaussagen verführt.

Apropos Fake News. Um ein Haar hätte ich sie vergessen: Zeitgenossen existieren inzwischen, die es in der analogen Welt nicht mehr aushalten und nur noch im Cyperspace heimisch werden. Dort gibt es keine (bisweilen) anstrengenden Freunde, dafür massenweise »friends«. Ihr Wortschatz besteht meist aus »like« oder »bäh«, und wird es einem zu bunt, löscht er den Ruhestörer. Eine raue Heimat. Doch zeigt jemand ein Video, in dem sich eine Katze im Brotkasten wälzt, dann flippt die *cyber community* aus, sie klickt um die Wette, und ein beglückender Like-Tsunami rauscht über *the cat in the bread box* hinweg.

Unergründliches Menschenherz.

Wie dem auch sei. Heimat ist ein wunderschönes Wort, wie warm es schwingt. Und wie unglaublich viele Bedeutungen es hat. So soll zuletzt eine Frau auftreten, die dem Begriff einen Reichtum und eine Innigkeit verlieh, die so anrühren. Die Frau eines französischen Soldaten, der in Mali im Kampf gegen den Terrorismus ums Leben kam. Als sie gefragt wurde, was ihr Mann für sie bedeutete, antwortete sie: »Il était ma patrie«, *er war meine Heimat.*

Le paradis, c'est l'autre, *das Paradies, das ist der andere.*

Das Glück des Augenblicks: Wien

Auf einer Bühne stehen und wissen, dass man ein mäßiger Schauspieler ist, das ist nicht lustig. Jeden Tag dasselbe Gefühl: Du bist überflüssig, fast jeder andere kann es besser als du. Doch der Intendant mochte mich, zudem war er Optimist, glaubte tatsächlich, ich würde wachsen. Er irrte.

Ich war in Wien engagiert, und an diesem Abend stand ein Stück über Fürst Metternich auf dem Programm, den diplomatischen Wunderknaben, der es zuletzt bis zum Staatskanzler des Kaisertums Österreich geschafft hatte. Ich spielte einen Priester, korrupt und bigott, ein Ekel. Eine dankbare Rolle, Böse geben mehr her als brave Philister.

Es passierte wie nebenbei. Nach einem scharfen Wortwechsel mit dem Bischof, meinem Vorgesetzten, ging ich ab und – rauschte ins Loch. Irgendein Wahnsinniger musste das breite Brett verschoben haben, das die Grube – es wurde gerade renoviert im Haus – überbrückte: um zu unseren Garderoben zu gelangen. Ich war in Eile gewesen, die Beleuchtung schimmerte spärlich, ich schaute nicht auf den Weg.

Eineinhalb Meter tief fallen und am Ende mit dem rechten Oberschenkel gegen einen eisenharten Gegenstand prallen (ich weiß bis heute nicht, was es war), das ist ein Erlebnis. Vielleicht fühlt sich so ein Eisenbahnunglück an. Es knallt unversehens, plötzlich.

Da noch während meines Abgangs blitzschnell umgebaut wurde, bemerkte niemand den Sturz, hörte keiner den Schrei. Als der nächste Akt losging, verstummte ich. Aus blöder Angst, ja nicht die leise, konspirativ geführte Unterhaltung im neuen Szenenbild zu stören. Nur Schritte von mir entfernt befand sich die erste Zuschauerreihe.

Bizarrerweise fiel mir mein Religionsunterricht in der Volksschule ein. Wie ein Mantra wiederholte der Lehrer mehrmals pro Stunde den bedrohlich gemeinten Satz: »Der Heiland sieht alles!« Okay, so wussten nur der Heiland und ich, wo ich mich aufhielt und was für ein unheiliger, teuflischer Schmerz durch meinen Körper jagte. Ich lag krumm und unbeweglich auf dem Betonboden. So eng, dass ich beide Hände nicht bewegen konnte, um sie auf das ramponierte Fleisch zu legen. Eine Berührung, so vermutete ich, würde die Pein lindern.

Irgendwo hatte ich gelesen, dass man »Leibschmerzen« leichter erträgt, wenn man das Hirn beschäftigt. Als eine Art Ablenkungsmanöver. Es war beschäftigt, ganz ohne mein Zutun. Wie logisch, dass ich mich an eine Eidechse erinnerte, die mit dem Kopf voraus bei einem afrikanischen Metzger hing. Eine Delikatesse im Kongo. Durch das Gewicht des Tiers hatte sich der Draht, an dem es befestigt war, in die inzwischen heftig blutende Haut gegraben. Das Unglaubliche an der Szene: Das vielleicht dreißig Zentimeter lange Reptil schlingerte wie von Sinnen, sein eher hoffnungsloser Versuch, die Schmerzen auszuhalten. Doch kein einziger Ton war zu hören, es konnte nicht schreien. So »schrie« der stumme Körper.

Ich war das Reptil, mitten in Europa, auch gefangen, auch ausgeliefert, auch – da auf absurde Weise rücksichtsvoll – unfähig, die Folter zu beenden. Mitgefühl und Selbstmitleid überkamen mich. In einem Loch, irgendwo in Wien, fünf Meter nah 200 Leuten.

Die Erinnerung an einen Kurzfilm kam mir zu Hilfe. Wie das? Keine Ahnung, ein Hirn ist launisch. Man sah in dem Streifen zwei Telefonzellen, direkt nebeneinander. In jeder stand ein Mensch. Sie warfen Geld ein und fingen zu reden an. Jeder mit einer Person, die man nie hörte oder zu Gesicht bekam. Links befand sich ein Mann, der überaus fröhlich loslegte und bald immer trauriger wurde, ja, zuletzt schwer verstört war. In der rechten Zelle war es gerade umgekehrt, die Frau begann mit einer depressiven Stimme und beendete das Gespräch mit überschäumendem Gelächter.

Ich verstand den Zusammenhang nicht, wieso tauchte diese Episode auf? Was hatte sie mit der aktuellen Situation zu tun? Eine Viertelstunde später sollte ich es wissen. Nein, nicht wissen, doch ahnen.

Irgendwann war Pause, und jetzt konnte ich schreien und auf mich aufmerksam machen. Ich fehlte bisher nicht, denn mein nächster Auftritt würde erst zum Schluss stattfinden.

Alle waren lieb und entsetzt, der Notarzt kam und mit ihm die Euphorie. Ich bestärkte ihn in seiner Absicht, da mein verletzter Oberschenkel inzwischen dick wie eine Eiche war und ich an diesem Abend noch gehen und reden musste: Die Morphinspritze landete direkt in den geschwollenen Muskeln, und meine Antwort war Schluchzen, Freudeschluchzen.

Nun begriff ich die Parabel der zwei in den Telefonzellen. Sagen wir, ich bildete mir ein, sie zu verstehen. Die Frau und der Mann taumelten von einem absoluten Gefühl in das andere Extrem. Wie ich, jedoch ähnlich dem Part der Frau:

von einem niederträchtigen Schmerz hin zum namenlosen Glück körperlichen Friedens.

Durchaus möglich, dass ich im Rausch des Hochgefühls irgendwelche Zusammenhänge konstruierte, die nichts als abstruser Zufall waren. Wer high ist, dem fliegt der Verstand davon. Wie belanglos. Das Letzte, wonach ich gerade hungerte, war recht zu haben. Eines freilich schien gewiss zu sein: So bösartig und so herrlich konnte das Leben sein. Nur Augenblicke voneinander getrennt.

Wiener Nachspiel. Die nächsten Tage bekam ich immer wieder eine Spritze, denn die Linderung hielt ja nur für Stunden. Doch die mordsdicken Muskeln tagelang. Der Intendant hatte mir seinen Hausarzt empfohlen. Und der hörte auf meine Bettelgesänge. Und stach zu. Ich liebe Drogen und habe mich noch nie vom allwaltenden Angstgeschrei abhalten lassen. Auf mich war Verlass, nie drohte die Gefahr einer Abhängigkeit.

Nach jedem Schuss wanderte ich in ein Café, schwer trunken vom Zauber des Schlafmohns. Und begann zu lesen. Und ein dreifaches Glück breitete sich aus, ein Hattrick, dem ich so nur in Wien begegnet bin: mein wundersam besänftigter Leib, die einmalige Anmutung eines Wiener Kaffeehauses und das unerschöpfliche Heil, das gedruckte Sprache einem notorischen Leser schenkt. Das Aberwitzige: Sie alle drei waren Glück und Heimat zugleich.

FRAUEN – Männer – Liebe

Auf einer Reise durch Indien traf ich Ravi. Businessman, vielleicht fünfzig, sein blauschwarzes Haar nachdrücklich geföhnt. Da keine Frau neben mir im Zugabteil auftauchte, fragte er nach meinen persönlichen Umständen. Damals war ich noch grundehrlich und sagte »ledig«. Ganz schlecht, denn nun kam alles heraus, und mein Sitznachbar erfuhr bald, dass ich nichts für die Gesellschaft geleistet hatte: kein Haus hochgezogen, keine Großfamilie gegründet, ja, nicht einmal einen einzigen Sohn vorzeigen konnte. Somit »a no-issue-man« wäre, ein Ohne-Ergebnis-Mann, was für eine bedauerliche Existenz. »Leben heißt zeugen«, meinte der Inder barsch und versank in unglückliches Schweigen über einen, der keine Ahnung hatte von dem, was zählt und was nicht.

PS: Nach Ravi – er war nicht der Erste, der über meinen Lebenswandel maulte – habe ich nur noch geschwindelt, sofort überschwänglich von meiner Gattin geschwärmt, die gerade im Hotel auf mich wartet. Mitsamt den sieben Kindern. Seitdem war ich wer in Indien, einer nannte mich staunend einen »big guy«, der wusste, wie man eine Frau bewirtschaftet. Ich lächelte verlegen und scheinheilig, uff, jetzt war Ruhe im Karton.

Wie immer zu Beginn eines Kapitels muss die Frage erlaubt sein: Bin ich der Richtige für das Thema? Und diesmal antworte ich forsch mit »Ja«. Denn einer, der gleich weiß, dass er weder als Frauenversteher stadtbekannt ist noch als Sexexperte noch als großer Liebender in die Geschichte eingehen wird, der wird sich eher scheu zu Worte melden, eher zaghaft Dinge verlautbaren, die angesichts der emotionalen Hitze, die alle drei Begriffe – Frauen! Männer! Liebe! – begleitet, wie nichts abstürzen können: in den Schlund peinsamer Plattitüden, vermischt mit hochpompösen »Erkenntnissen«, die der Autor nun generös seiner Leserschaft vermacht.

Ich komme umstandslos auf mein altes Leiden zurück: Verwirrung, Tendenz steigend. Wie soll einer, der Frauen in so extrem widersprüchlichen Situationen erlebt hat, die eine Wahrheit finden, die passt? Frauen sind so! Oder so! Oder so! Hinter jedem »so« tun sich tausend Welten auf. Dabei will ich wie jedes Lebewesen auf Erden mein Leben vereinfachen, will – im konkreten Fall – den einen Satz entdecken, der mit dem Phänomen Frau fertig wird.

Karl Kraus, die Wiener Giftschlange, meinte: »Kosmetik ist die Lehre vom Kosmos des Weibes.« Das Bonmot ist witzig, reicht aber nicht. Das Weib – früher hatte der Begriff eine neutrale, nicht abwertende Bedeutung – ist in vielen Kosmen unterwegs, die zu betreten den Mann gehörig überfordert. Mich jedenfalls. Gelingt mir ein Blick in eine ihrer Geheimkammern, dann zufällig, plötzlich, ohne mein Zutun. Ich darf mir also nicht einbilden, dank meiner Intelligenz oder Intuition einem Rätsel nähergekommen zu sein. Es passiert, wenn überhaupt.

Doch, die eine Behauptung trau ich mich, die von Anfang an wahr war und bis ans Ende der Menschheit wohl gelten wird. Selbst jene, die gern über Frauen herziehen, ja, noch immer dem Wahn hinterherrennen, der Mann sei die Krönung der Schöpfung, müssen – wenn auch kleinlaut – eingestehen: Bis jetzt wurde nichts Schöneres im Weltall gesichtet als das Gesicht einer schönen Frau, als das Wunder eines Frauenkörpers.

Wie so viele, unzählig viele Männer bin ich dieser Schönheit eher hilflos ausgeliefert. Es gibt keine Waffe, keinen Willen, kein Heilmittel gegen die Übermacht. Sie kommt mit einer Wucht daher, die dazu zwingt, sie anzuschauen, sie anzustarren. Sich abwenden geht nicht, sich wegreißen vielleicht.

Die Sehnsucht nach Schönheit – ob nun in der Natur, in der Musik oder der Sprache – ist wohl die unverzichtbarste in uns. Aber derlei Verlangen besiegt nicht, kein Gedanke von besitzen wollen irritiert. Man kann genießen und frohgemut bleiben.

Die Frau schon, sie will man haben. Und da das oft – aus endlosen Gründen – nicht möglich ist, löst der Blick auf etwas Unerreichbares einen Schmerz aus, ja, ein Gefühl von Misslingen. Als würde man zurückgewiesen, selbst wenn es nie ausgesprochen wurde.

Dieser Frust ist manchen Männern unerträglich. Um sich vor der Zurückweisung – ob nun tatsächlich erfahren oder nur eingebildet – zu schützen, fangen sie an zu verachten. Es existieren noch andere Motive für den Hohn, doch die »Verweigerung« ist eins davon. Ein starkes.

Was uns nicht sorgen soll, denn hier steht der Bericht eines Begeisterten, der – der Himmel ist Zeuge – seinen Anteil an Debakel abbekommen hat, nicht immer da gelandet ist, wo er vorhatte. Deshalb bin ich durchaus dankbar, wenn mir beim Flanieren durch eine Stadt auch die nicht so Schönen begegnen. Sie entmachten nicht, ich brauche nicht auftrumpfen und bedeutsam tun, ich kann sie respektvoll grüßen und gelassenen Herzens weiterziehen.

Damit ist dieser Aspekt – das Loblied auf weibliche Schönheit – vorläufig erledigt. Gewiss wichtig, aber es gibt noch die anderen Seltsamkeiten, die bisher keiner gelöst hat.

Ich will nicht philosophieren, ich will Geschichten von Frauen erzählen, denen ich – erotisch oder ganz ohne physische Nähe – nah war und die ich alle nicht verstanden habe. Wie Katzen, unergründlich. Schon wahr, das Verborgene ist aufregender als das Taghelle.

Meine Rolle hier ist die des Statisten, belanglos. Bin nur Berichterstatter von Taten von Frauen, die sich sehenden Auges Richtung Unglück – Stichwort Liebe – manövrierten. Ich sah es, sie nicht. Denn sie waren geblendet vom unbedingten Wunsch nach heiliger Zweisamkeit. Und etwas unbedingt wollen ist immer eine missliche Ausgangsposition. Die Emotionen kochen, der Verstand schwindet, die Sehkraft schwächelt. Wie im ganz normalen Geschäftsleben: Wer etwas radikal ersehnt, ist bereit, (fast) jeden Preis dafür zu zahlen. Bedenkenlos. Wie bedenklich.

Die melancholischen, ja, die schwerwiegenden Geschichten sollen es sein. Die gehen tiefer, sie erzählen mehr von der Welt und jenen, die in ihr unterwegs sind.

Auf nach Managua, Hauptstadt von Nicaragua. Ich übernachtete bei Anna, die die *Casa Azul* leitete. Eine abschüssige Bude, mit Lecks im Dach, aber sie lag günstig. Regenzeit, so hockten Anna, ihre drei Kinder und ich, der einzige Gast, abends vor der Glotze. Die Mädchen starrten auf den Bildschirm, und wir zwei redeten. Anna hatte das Gesicht einer Frau, die einmal attraktiv war. Doch die Arbeit, die Armut, die Zeit hatten Spuren hinterlassen, auch am Körper.

Ein warmer Mensch, aus einfachen Verhältnissen. Sie erzählte. Keine lustige Vergangenheit. Die paar Córdobas, die die Pension abwarf, reichten gerade zum Überleben. Als ich nach dem Mann fragte, erwähnte sie Hilario (»der Heitere«), der irgendwann aufgetaucht war und ihr alles versprochen hatte: die Liebe, die Fürsorge, die Ewigkeit. Und Anna – jung und ahnungslos – glaubte alles.

Und Hilario, die Niete, erfüllte die einschlägigen Klischees. Die Liebe hielt vielleicht bis zur Nacht, in der er sie im Bett hatte. Und sie drauflos besamte. Von einem Kind zum nächsten, zwei Abtreibungen inklusive. Die Fürsorge kam nie vor, bald fing der Gatte an, sich – via gemeinsame Einkünfte – glücklich zu saufen. Und die Ewigkeit hörte nach dem fünften Jahr auf. Da verschwand er. Lautlos, spurlos.

Wer könnte Anna helfen? Nicaragua, ihr Land? Einst Sehnsuchtsort aller Weltverbesserer und inzwischen zum Jagdgebiet politischer Lumpen verkommen? Eine Polizei, die wohl kaum nach flüchtigen Ehemännern sucht? Der Heiland, über den der Pfarrer drei Straßen weiter jeden Sonntag die uralten Fake News verbreitet?

Warum ließ Anna dieses Leben zu? Warum wartete sie nicht bei der Suche nach dem Bräutigam, warum nicht abwägen und den potenziellen Freier auf die Probe stellen? Bei Anna kenne ich die Antwort: Sie hat es nicht gelernt. Das Leben kam über sie, und sie wusste nicht, wie damit umgehen. Sie wurde schon als Halbwüchsige auf ihre Zukunft als Mutter und Gebärmaschine abgerichtet. Sie weiß nichts vom Neinsagen, vom Pochen auf eigene Rechte.

Die Liebe als Unglück auf den ersten Blick.

Am letzten Abend habe ich überlegt, ob ich Anna küsse. Wenn sie denn bereit dazu wäre. Um, so der Hintergedanke, einen Augenblick von erotischer Nähe in ihr Leben zu bringen. Die gemäß dem Gesetz der Wahrscheinlichkeit so oft nicht mehr stattfinden wird. Aber es sollte nicht sein, eine Nachbarin kam, und die Intimität war weg.

Jetzt nach Paris. In einem Café komme ich mit zwei jungen Frauen ins Gespräch, die Englisch miteinander sprechen. Caroline, die Französin, und Katja aus Italien, sie studieren an der Sorbonne, die eine Psychologie, die andere Politikwissenschaft. Beschwingtes, schnelles Reden, die beiden versprühen Selbstsicherheit und Klarheit, besonders Katja. Sie erzählt, wie sie sich eine Frau-Mann-Beziehung vorstellt: gegenseitige Wertschätzung, Hirn muss sein, Wärme auch, Leichtigkeit, Freuden im Bett. Ich höre gern zu, ihre Vorstellungen klingen klug und keine Spur versponnen und verträumt.

Das Café macht zu, und Katja schlägt vor, zu dritt in ihre Wohnung zu gehen, es sei doch zu früh, sich zu trennen. *Why not?* Der Weg ist kurz, oben im vierten Stock öffnet ihr Boyfriend. Däne, groß, apartes Gesicht. Caroline und ich setzen uns ins Wohnzimmer, Katja verschwindet mit Mats in der Küche. Sogleich dicke Luft, man hört das Zischen des Hübschen, dem unsere Anwesenheit nicht passt. Dann Stille, dann kracht die Tür, er komme erst wieder, wenn wir verschwunden seien. Okay, Coolness sieht anders aus.

Poor Katja. Ich bohre eiskalt nach, und die 27-Jährige packt aus, irgendwann auch den Tränen nah. Der Informatiker, mit dem sie hier wohnt, ist ein Jähzorniger. Es braucht wenig, und der Mann entlädt sich. Doch dabei bleibt es nicht. Explodiert er heftig, holt er aus. Nach ihr.

Die Italienerin gehört zu den vielen Frauen, die für die Verwirrung in meinem Kopf verantwortlich sind. Warum nimmt sie das hin? Hier sitzt keine Anna, hier sitzt ein junger Mensch, so beschenkt von der Natur, aufgewachsen im modernen Europa, angehende Akademikerin, finanziell unabhängig. Und lässt sich prügeln.

Natürlich frage ich sie, und Katja spricht den wohl missverstandensten Satz in der Weltgeschichte aus: »Ich liebe ihn.« Ende der Diskussion, die drei Wörter sind der Passierschein für jede Gewalt. Armes Luder, ich schenke ihr eine Weisheit von Jean Cocteau, dem französischen Dichter: »Es gibt keine Liebe, nur Beweise der Liebe.« Eine Faust im Gesicht ist kein Liebesbeweis.

Beim Abschied hetze ich sie auf. Es wird nicht fruchten. Liebe macht blind. Wie schrecklich.

Noch eine Geschichte. Sie ist vertrackter und leicht irrsinnig. Ich lernte Ulyana kennen. Eine Hälfte von ihr stammte aus der ehemaligen DDR, die andere aus der Ukraine. Wir reisten nach Kiew und das nächste Mal nach Lwiw, vormals Lemberg. Ort, in dem einst formidable deutschsprachige Schriftsteller gelebt hatten.

Die Frau besaß alles, vor dem sich ein Mann niederknien muss: Heiterkeit, ihr hungriges Hirn, die Haut einer Göttin, ihr empathisches Herz. Und einen Typen, mit dem sie zusammenlebte. Ulyana hielt sich bedeckt, aber die einstige Nähe schien sich verflüchtigt zu haben, kein Swing mehr, dafür massenhaft Alltag. Irgendwann sah ich ein Foto von ihm, ein eher verschlossener Herr. Ach, wenn er nur das gewesen wäre. Er würde bald energischer auftreten. Mit Schaum vor dem Mund, als Hassschleuder. Sorry, ich greife vor. Der Reihe nach.

Mich störte er nicht, ich hatte mir längst abgewöhnt, jemanden als mein Eigentum zu betrachten. Was für eine bizarre Idee.

Ich könnte nun seitenweise eine Hymne auf diese Deutsch-Ukrainerin anstimmen, die mich an der Hand nahm und durch Lwiw führte, wo sie viele Sommer verbracht hatte. Ich bewunderte ihre Souveränität, mit der sie eine Sprache beherrschte, die mir völlig fremd war. Was ja einem Menschen etwas Geheimnisvolles verleiht, eine ferne Welt, die man selbst nicht betreten kann. Zudem liebte sie ihre andere Sprache, wollte die studierte Sozialpädagogik aufgeben und schreiben. Über das Leben, über das Reisen. Sie war weltwach, immer mit hundert Antennen unterwegs. Das ist keine schlechte Voraussetzung für diesen Beruf.

Es war »notre histoire«, *unsere Geschichte,* die wir vor allen verbergen mussten. Um sie zu schützen. Was über Monate gelang. Bis zu einem 3. August. Ich war bereits am Flughafen und bekam, kurz vor Abflug, eine Mail von Ulyana. Wir hatten vereinbart, uns in Budapest zu treffen. Die Nachricht war ein Abschiedsbrief: Ihr Partner hatte ihren Mailaccount gelesen und wusste Bescheid.

Die Zeit eines alttestamentarischen Scharfrichters, wie ich bald erfuhr, war nun gekommen. Der verschlossene Herr, nennen wir ihn Moses, rechnete auf, rechnete ab, rastlos im Brustton des moralisch Tadellosen. Die schluchzende Frau als Zuhörerin, stets im Blick, stets in Hörweite. Moses – und alles Dramatische hat ja seine komischen Seiten – stand früher als evangelischer Pastor (!) auf der Kanzel und hatte inzwischen auf Coach umgesattelt, sich nun auf den irdischen Hokuspokus von »Familienaufstellungen« spezialisiert. Ach ja, nebenbei lehrte er noch »Einübung von Vergebung«.

Bei mir hätte er noch üben müssen. Der Ex-Gottesmann schickte mir die vier brutalsten und schamlosesten Mails, die je in meinem Postfach landeten. Die einst gepredigte Nächstenliebe war dahin, nun hieß es (er war so freundlich, mich zu duzen): »… dass ich dir noch ein quälendes Scheißleben mit langem Siechtum wünsche …« Oder, ebenfalls wenig zart und behutsam: »… dein Schwanz, möge er dir noch höllische Schmerzen bereiten …« Oder, bereits eine Spur gaga:

»Auch unsere Nachbarn haben wir jetzt von (sic!) dir (sic!) informiert. Unsere Nachbarin meinte, du seiest (sic!) krank und brauchest (sic!) Hilfe.«

Ich zögere, es hinzuschreiben, denn es klingt fast ein bisschen pervers, aber so ist es: Seine Mails gefielen mir durchaus, mir, dem Reporter. Weil ich praktisch in Echtzeit miterleben durfte, wie jemand die Maske, nein, alle Masken fallen ließ, so schlagartig, so rabiat. Der Pfaffenton flog weg, und die Wirklichkeit tauchte auf.

Erstaunlich, wie sich einer so erniedrigen konnte, wie einer – in nicht endenden, schriftlich niedergelegten Hasstiraden und gleichzeitigen Ergüssen über die »wahre Liebe« – den Rest seiner Selbstachtung verspielte. Dabei hatte ich noch Glück, war ich doch außerhalb der physischen Reichweite des Randalierers. Wer weiß, wozu er fähig gewesen wäre. Am bemerkenswertesten jedoch war die Tatsache, dass der ordinierte Choleriker sich in keiner Zeile fragte, warum seine Freundin so lange Zeit meine Nähe suchte. Lieber da nicht reinstochern, lieber berserkern: Du bist ein Schwein!

Ende der Abrechnung.

Nein, doch kein Ende. Es kam noch aberwitziger: Ulyana und ich schrieben uns wieder, wieder heimlich. Mit unverbrüchlicher Sehnsucht nach uns, nach ihr und mir. Und flogen – die 29-Jährige verfügte über viele Stärken, rechtzeitig einen Code einzustellen gehörte nicht dazu – ein zweites Mal auf. Ich tue nun das, was ich sonst nie mache, jetzt kommen drei Pünktchen …

Warum ich diese Story veröffentliche, hat nur einen Grund: Um mir zum so vielten Mal die Frage zu stellen, warum eine Frau wie Ulyana – so gescheit, so wissend, so, auch das noch, slawisch schön – sich einem Mann unterordnet. Sich den Hunger nach einem anderen Leben wegdrückt und – absolut freiwillig – ihrer Freiheitsberaubung zustimmt. Unser kostbarstes Gut auf Erden gibt sie her, weil einer darauf pocht. Das also ist die Liebe. Ich fasse es nicht.

Dabei wollte ich ihm, dem herrischen Usurpator, die Frau nie rauben. Fühlt sie sich zu ihm hingezogen, nur zu. Solange sie ein Verlangen auch zu mir drängt, entkommt mir kein Murren. Die Monogamie ist ein Konstrukt, zementiert von Angst und wieder Angst. Massiv unterstützt vom religiösen Geifer jeglicher Art, der schon immer tatkräftig jeder Art Gefühlsbigotterie zugearbeitet hat. Wer behauptet, dass Monogamie die einzig »natürliche« Organisationsform für Menschen sei, dem rate ich, ein dickes Buch über Anthropologie zu lesen. Sie ist genauso wenig natürlich wie die Behauptung, nur Frau und Mann könnten ein Paar bilden.

Ach, die Nachtwächter, Liebe umarmt jeden, wenn er sich ihrer nur würdig erweist.

Fragezeichen Liebe. Ich habe keine Ahnung. Obwohl ich mich schon als Elfjähriger dem Zauber eines Mädchens näherte, ja, Tonnen einschlägiger Literatur gelesen, mindestens tausend Liebesfilme gesehen und ach so oft den Song »Love is a Many Splendored Thing« – unschlagbar schmalzig von Engelbert Humperdinck der Welt geschenkt – gehört habe. Ja, den Text auswendig lernte, in dem es in der vierten Zeile heißt, dass Liebe – »the golden crown« – jemanden zu einem »king« macht. Sorry, ich bin kein Liebeskönig geworden.

Dennoch, andere, viele andere wissen es nicht besser. Wenngleich sie sich als Asse und Eingeweihte aufspielen. Sie flüstern gern – oder hauen täglich dutzendweise per Whatsapp – »Ich liebe dich« raus und glauben gar, dass das Kärgliche, das sie sich gegenseitig anbieten, als Liebe durchgeht. Dabei fehlt so ziemlich alles: die Neugier, die Bereitschaft, einander beizustehen, ja, dem anderen Raum und Freiheiten zu lassen. Lieber besitzen und kommandieren.

Die ersten Wochen zählen nicht. Da glänzen sogar Pfeifen. Dauer zählt. Ähnlich dem (beruflichen) Erfolg. Jeder, fast jeder, bekommt seine fünfzehn Minuten Ruhm, doch ab der 16. versinkt er wieder im Allerweltsleben.

Der österreichische Psychoanalytiker Erich Fromm nannte den Rausch »infatuation«, *Verknalltsein*. Aber nicht in den anderen, sondern in das Bild, das man sich von ihr/ihm gemacht hat. Und kann das Bild mit der Wirklichkeit nicht mithalten, dann ernüchtern die Verknallten. Und deuten auf den Schuldigen: den anderen. Wen sonst?

Die Liebe wird nicht mehr gelebt, sie wird entweder angekündigt oder erinnert.

Einige Auserwählte sind dazu imstande. Zur standhaften Vertrautheit. Bis zum letzten Tag. Sie sind so wenige, dass sie sofort auffallen. Man möchte sich ihnen in den Weg stellen und fragen, warum sie etwas können, woran wir meisten scheitern.

Die Erde ist der einzige Ort der Liebe, manche haben das souverän verstanden.

Nun hat sich trotz in alle Himmelsrichtungen trompeteter Moral herumgesprochen, dass man einer Frau auch dann Freude bereiten kann, wenn man es nicht zum Liebeshelden geschafft hat. Ich vermute, dass Ulyana und ich uns unbescheiden oft amüsiert haben. Und am Ende des Tages ist es so egal, ob das, was wir uns gegenseitig an Wunderlichkeiten antaten, mit den hehren Ansprüchen der ewigen Liebe mithalten kann. Was in nichts, in absolut nichts die Tiefe und Schönheit der Erfahrung mindert.

Die Chinesen nennen den Zustand sinnlicher Euphorie, der weit über das Leibliche hinausgeht: »In Seele zerfließen«. Eros mit Seele, das hört sich phänomenal an.

Selbstverständlich – hier redet ein heterosexueller Mann – ist eine Frau: Heimat. So ein Zielpunkt, an den man zurückkehren will. Um das Innige wiederzufinden, die Verlockung nach ihrem Esprit und ihrem Körper, das sagenhafte Gefühl, willkommen zu sein. Mit allem Seinem.

Die Frau als Verheißung und nicht als Eigentum, die Nähe als Wagnis und nicht als ranzige Gewohnheit.

Ich könnte ein tausend Seiten dickes Buch schreiben, voller Fallberichte über (mir bekannte) Paare, die längst im Treibsand gnadenlosen Trotts gelandet sind. Nicht Dramen, nicht Tragödien ruinieren die Liebe – und die sexuelle Glut als Kollateralschaden gleich mit –, sondern das lautlose Gespenst der Aussichtslosigkeit: dass kein Blitz mehr reinfährt mit Leuchten und Donner und dem wohltuenden Schrecken, dass Zustände sich ändern müssen. Dass nichts mehr funkelt, nur das schauerliche Wissen teilen die zwei sich: dass die Zukunft nicht heller sein wird als die müde Gegenwart.

Die Statistik sagt, dass eher Frauen als Männer den Sprung riskieren: Richtung neue Freiheit und/oder neue Liebe. Männer schmoren hartnäckiger im Morast der Unbeweglichkeit. Sie haben offensichtlich noch immer nicht begriffen, dass das Leben und alles Drum und Dran – Liebe, ein Beispiel – nicht zum Nulltarif zu haben sind. Sie wollen es lauwarm. Sie bekommen es.

Noch ein kleines Nachwort zur Geschichte von Ulyana, Moses und mir. Es soll erheitern. Ich jedenfalls habe lauthals gelacht, als ich von Andrej, dem Russen, und seiner Raserei erfuhr. Sein Schicksal zeigt auch, wie verschieden man mit »Niederlagen« umgehen kann. Ich habe bald voller Wehmut und Dankbarkeit an Ulyana gedacht, doch Andrej verlor die

Nerven nach seinem letzten Fiasko. Er griff zur großen Schere und schnitt sich den Penis ab, der Grund: »Nach zwei missglückten Ehen habe ich mir geschworen, ab nun zölibatär zu bleiben. Ich will nie wieder mit Frauen kommunizieren und nie wieder sexuelle Beziehungen unterhalten«, meinte er, nachdem er von Nachbarn entdeckt und das lose Teil erfolgreich – der Pechvogel – an seinen rechtmäßigen Platz genäht worden war.

Andrej ist mir fremd. Nichts will ich an mir verstümmeln. Selbst dann nicht, wenn sich die eine oder die andere davonmacht. Oder ich, warum auch immer, die Flucht ergreife. Die Erinnerungen an die Freuden, die ein kompletter Körper schenken und erfahren kann, sind einfach zu eindringlich, zu überwältigend. Solange ich atme, will ich an der Welt teilhaben, und eines der Weltwunder sind nun einmal die Frauen.

Das ist der rechte Augenblick für eine Klarstellung. Trotz intakten Überschwangs für alles Weibliche wird der Blick nicht getrübt. Ich war noch nie der Schimäre verfallen, dass irgendein Volk, irgendein Glauben, irgendeine Ideologie, irgendein Geschlecht auserwählter sei, um das Glück hienieden zu vermehren. Ich bin einer mittleren Depression nah, wenn ich höre, jedem von uns ginge es besser, wenn nur Frauen regieren würden. Wie das? Wie alle anderen Menschen steuern sie ihren Anteil an Stress und Leid und schallender Dummheit bei. Eben anders als Männer, aber nicht weniger penetrant und erfolgreich. Man will in Tränen zerfließen beim Lesen von Texten, in denen Blindwütige uns vom Schlaraffenland auf Erden erzählen, das erblühen wird, sobald nur die Rasse Mann besiegt sei. Gleich hirnverbrannt wäre die Behauptung, dass ewiger Frieden über uns Menschlein käme, wenn nur endlich die per Kaiserschnitt Geborenen die Herrschaft übernähmen.

Ich vermute, wir alle – Frauen wie Männer – werden wohl miteinander auskommen müssen. Ohne zänkischen Feminismus und ohne männlichen Größenwahn. Ich renne vor beiden davon, denn ich ertrage nur Frauen, die Männer schätzen, und Männer, die Frauen achten. Schuldzuweisungen verbiestern, lustiger wär's, wenn eine gewisse Eleganz zwischen den zwei »Gattungen« ausbrechen würde.

Ein frommer Wunsch? Frau und Mann, das ist ein weites Feld, und natürlich treibt die Frage nach wie vor um, wieso es so verdammt kompliziert bei den zweien zugeht. Ich glaube, dass ich bei meinen Eltern bereits den einen der wichtigeren Gründe zu ahnen begann, ohne ihn formulieren zu können: zu viele Illusionen! Derlei Flausen führen ins Verderben, denn sie hätte die Traumfrau und er der Traummann sein sollen. Aber derartige Zeitgenossen haben wir nicht, kein Mensch ist ein Traum, jede und jeder hat seine tristen Ecken, seine Unerfüllbarkeiten, seine Beklemmungen. Und so trieben sich die beiden täglich durchs Fegefeuer. Wie Abermillionen vor und nach ihnen. Alle grenzenlos enttäuscht von ihren Hirngespinsten, die an der Realität zerbrachen. Das macht zornig, das macht traurig, das vergiftet die Liebe.

Das erinnert mich an Minho, einen Heiratsvermittler in China, den ich rein zufällig in Peking getroffen hatte. Ich fragte ihn nach den glücklosen Männern in seinem Land, die keine Frauen finden. Da viel zu wenige davon vorhanden sind: »Sie betreten mein Büro mit maßlosen Vorstellungen, und wenn sie irgendwann zusagen, dann fangen sie an, immer neue Defekte an der Auserwählten zu entdecken. Das ist kein Weg ins Glück.«

Vielleicht habe ich im Laufe der Jahre noch eine zweite entscheidende Erklärung für das Verwittern der Seligkeit entdeckt. »All you need is love«, sangen die Beatles, und ich dachte, wie sweet das Lied und wie doof die Message. Natürlich ist die Liebe nicht alles, was wir benötigen. Unendlich viel mehr bedarf der Mensch, um über die Runden zu kommen. Bildung, Erfahrung, Selbstdisziplin, Glück, Charakter, Intelligenz, Resilienz, Begabung, et cetera et cetera. Alles, was du brauchst, ist Liebe? Dass ich nicht lache. Wie kann man das arme Ding nur so überschätzen. In einer Zeile des Songs heißt es: »There's nothing you can do that can't be done«, *es gibt nichts, was du nicht kannst* – wohl bemerkt, wenn Liebe dich überflutet. Der Satz könnte von Paulo Coelho sein, so bieder und kalorienarm meldet er sich zu Wort.

Was habe ich nicht schon alles in meinem Leben versucht, mich wie von Sinnen hineingestürzt. Um nach Monaten, nach Jahren zu erkennen: Es reicht nicht! Nicht, weil die Welt mich wieder einmal nicht stürmisch geliebt hat, sondern: Das Talent fehlte, die passenden Gene.

Liebe kann viel, Liebe kann vieles nicht. Ich vermute, wenn Verliebte sich zu Zeiten an den Merkvers erinnerten, gäb's weniger verblutende Herzen.

Noch eine Geschichte. Ich weiß nicht, ob sie außergewöhnlich ist oder furchtbar banal. Aber sie ist echt und in jeder Zeile wahr: Ich flog mit Freunden nach Kuba, um an der Hochzeit eines Kollegen, den wir alle schätzten, teilzunehmen. Der Abend war karibisch laut, der (deutsche) Bräutigam und die (einheimische) Braut tanzten selig, manche kippten rumblau nach hinten, und irgendwann kam Pancho vorbei, die Band hörte auf zu klimpern, und der Alte sang Lieder, die in dem jetzt stillen Raum zu Tränen rührten. So kitschig, so sentimental.

Wochen zuvor schon war mir zugeflüstert worden, dass Zoe, die Kubanerin, früher als Bargirl gearbeitet hatte, inklusive Ganzkörperanschluss. Und dass ihr künftiger Mann sie dort kennengelernt hatte. Natürlich habe ich gegrinst, doch wenn Liebe und Freundschaft die beiden zueinandertreiben, darf niemand dazwischenreden. Zudem, so ging die frohe Botschaft, sei sie wild und hemmungslos beim Liebesspiel.

Tage später besuchte ich die zwei in ihrer gemeinsamen Wohnung. Dominik lag mit einer Magenverstimmung darnieder, und ich brannte darauf, ihn etwas zu fragen. Um meine Neugier besser zu verstehen, noch der Hinweis, dass ich einmal Gelegenheit hatte, mit Zoe zu reden. Ein ausgesprochen herzlicher Mensch, aber umwerfend ignorant. Die Welt kam nicht vor in ihrem Kopf, kein Stichwort provozierte eine wendige Antwort. So viel Ahnungslosigkeit kann erschöpfen.

Merkwürdig, denn Dominik kannte ich als wissensdurstigen Journalisten, weltläufig, ein patenter Schreiber.

Freundlich wurde ich hereingebeten und ich setzte mich neben den (leicht) Kranken auf die Bettkante. Der Umgangston der Eheleute war ruhig und eindeutig. Dominik wollte dies oder das, eine Suppe, etwas zum Trinken, ein zusätzliches Kissen und und und. Und Zoe lieferte, ohne Mucks, stets gut gelaunt.

Wir plauderten, jetzt allein. Ich war gehemmt, konnte nicht sofort loslegen, war doch mein Anliegen gewiss frivol, eine Spur unverschämt. Ich hätte auch keine Rechtfertigung für meine Neugier gewusst, nur eben das unbedingte Verlangen zu erfahren, wie Frauen und Männer funktionieren. Zudem hatte ich Angst, dass er beleidigt sein, ja, unwirsch reagieren würde. Aber irgendwann musste es sein: »Bitte, Dominik, versteh's nicht falsch, ich frage mich nur, wie einer wie du, smart, gebildet, immer auf der Suche nach intellektuellem Input, wie du mit jemandem wie Zoe, die nichts von diesem Hunger mit dir teilt, leben willst, ja, leben kannst? Entlang einer Zukunft zu zweit, so täglich nah, so unausweichlich unter einem Dach?«

Seine Antwort war verblüffend, und der 35-Jährige zeigte sich keineswegs pikiert, sondern antwortete umgehend so, als hätte er schon einmal darüber Auskunft gegeben: »Das stört mich überhaupt nicht. Für das Hirn (sic!) habe ich meine Freunde. Außerdem interessiert sich Zoe nie für meine Arbeit. Gut so. Sie macht den Haushalt, wird sich um die Kinder kümmern. Sie ist sehr bereitwillig, bestens, denn ich brauche eine Frau, die mir den Rücken frei hält.«

Wie meinte Novalis: »Glück ist das Talent für das Schicksal.« Dominik hat es. Viele nicht, ich auch nicht. Ich bewundere den Mann noch immer, er hat Zoe vor einem kubanischen Elendsleben gerettet und lässt sie nicht mehr los. Das hat was. Er hätte sie als Geldbesitzer für ein paar Pesos vögeln können – und weiterziehen. Er zählt gewiss nicht zur Blutgruppe jener Daddys, die gern in Fernost oder Fernwest preiswert Bräute einkaufen.

Ich bin moralisch weniger stabil, ich kann niemanden erlösen. Andererseits, das ist meine Trumpfkarte, behaupte ich eisern, dass eine Frau – wenn sie Heimat werden soll – zu Höherem geboren wurde, als mit Kochtöpfen zu scheppern und mir nebenbei den Rücken frei zu halten. Ich suche nach denen, die brodeln. Oben im Kopf. In dem jeden Tag Nachrichten aus der Welt eintreffen, die sie großzügig mit mir teilt. Wie ich meine Fundsachen mit ihr. Wenn wir uns zwischendurch noch umarmen mit allem, was zu uns gehört, dem Geist, dem Body, der Herzenswärme, dann singe ich unbeirrt das Lied dieser Frau, wieder nicht fassend, was für ein Geschenk sie ist. Das ich nie verdiene. Und dem ich nie widerstehen will.

Das Glück des Augenblicks: Hanoi

Fragt man Leute nach etwas Verbotenem, sagen sie zuerst: keine Ahnung! Die Absage kommt zu schnell, als dass man nicht ahnte, sie wüssten ein Geheimnis. So verführt man sie zur Vertrauensseligkeit. Man muss so reden und sich so aufführen, dass jeder Verdacht aus ihnen weicht. Dann hören sie auf zu argwöhnen: dass man zur Polizei gehört, dass man für die Presse arbeitet, dass man als Halunke unterwegs ist.

Drogen. In Hanoi. Sie sind überall und überall tabu. Mit Recht. Ich bin an Gestalten vorbeigekommen, hier und anderswo, die vermuten lassen, dass sie ihre strahlenden Jahre schon hinter sich haben. Frauen und Männer, die irgendwann vergaßen, dass sie sich mit einer unberechenbaren Geliebten einließen.

Ich nicht. Ich lege mich bisweilen zu ihr und vergesse nie, wann ich aufstehen und sie verlassen muss. Damit ich unbeschwert wiederkommen darf. Das ist die Faustregel. Wer sie missachtet, den nimmt die Schöne mit in die Hölle.

Längst habe ich begriffen, dass ich an gewisse Zustände – emotional oder mental – nur über Rauschmittel herankomme. Auch verstanden, dass mir die Zeit fehlt, als züchtiger Yogi in einer Himalaja-Grotte zu sitzen und eine kleine Ewigkeit lang durchs linke Nasenloch zu pusten: um eines fernen Tages die Erdanziehung zu überwinden und abzuheben.

Irgendwann gibt Huong, der Nachtportier meines Hotels, nach und schreibt eine Adresse auf. Auf Vietnamesisch. Ich zeige sie Dieng, dem jungen Taxifahrer, setze mich auf den Soziussitz seiner Dream Honda, und wir düsen durch die Straßen der Hauptstadt.

Wenn das kein Glück auf Erden ist: elegant vom warmen Nachtwind begleitet auf ein Ziel zuzusteuern, das innigste Freuden verspricht.

Bald verliere ich jede Orientierung, aus den Alleen werden Gassen, die bunten Lichter verschwinden, durch die Fensterscheiben sieht man Leute auf einem Sofa sitzen, das Flackern der Fernsehbilder auf ihren Gesichtern. Dieng muss einmal fragen, dann steige ich vor einem unscheinbaren Haus ab. Wir verabschieden uns. Wie von Huong angewiesen, klopfe ich viermal, und Sekunden später öffnet ein älterer Herr, der mir – wunderlich romantisch – eine Öllampe vor die Nase hält. Wohl, um zu checken, ob ich der »Weiße« bin, den der Rezeptionist angekündigt hat.

Ich bin es, mein Gastgeber nickt freundlich und deutet an, ihm zu folgen. Mitten in seine Bude im Hinterhof, mit zwei sorgsam via Pappe abgedichteten Fenstern. Mister Dang (nennen wir ihn so) spricht kein Wort Englisch und ich keine drei Wörter Vietnamesisch, meist unverständlich. Das sind die besten Voraussetzungen für die kommende Seligkeit, denn Stille ist dabei so unverzichtbar wie das Rauschgift.

Das Zimmerchen, etwa vier mal vier Meter, ist kaum möbliert, nichts Wuchtiges, kein Schrank, nur eine Etagere mit Nippes, Räucherstäbchen und einem Bild von Buddha. Ein paar Kerzen brennen. Und in eine Ecke gerückt, versteckt sich eine schmale Couch, auf der – eher üblich in solcher Umgebung – jemand liegt. Diesmal eine junge Frau, eine Kundin, sie chillt aus, sie schläft vermutlich. Sie wird nicht stören. Opiumraucher sind friedlich. Reden ist verpönt.

Da ich klare Verhältnisse mag, ziehe ich einen Schein heraus und schaue den Hausherrn fragend an. Er versteht sofort und schreibt den (korrekten) Preis auf seinen Handballen. Ich zahle.

Ein rascher Hinweis: Bei derlei Unternehmungen nur so viel Geld mitnehmen wie nötig, Transportkosten und Vergnügungsspesen. Der Rest, inklusive Kreditkarten, bleibt zu Hause. Drogen schwächen, auch das Hirn, auch die Wachsamkeit.

Dang weiß Bescheid, er ist ein professioneller *opium man*: keine fahrigen Bewegungen, keine Hast. Eine Zeremonie muss stattfinden, sonst stimmt es nicht. Wir legen uns auf die Strohmatte am Boden, ein kurzer Abstand trennt uns, am Kopfende flackert eine Funzel. Aus einer Schatulle fischt Dang einen fingerdicken Riegel Chandu, das »gereinigte« Opium, bricht einen Teil ab, knetet ihn, hält ihn mit einer Nadel ins Feuer, drückt den winzigen Klumpen in den Kopf der dreißig Zentimeter langen Pfeife, dreht sie um, platziert sie über der Flamme und zieht tief am Mundstück, behält für Sekunden den Rauch, bläst ihn langsam aus. Mehrere Durchgänge.

So ist es üblich, der Boss ist der Gast des Kunden, beide genießen.

Ich kenne den Genuss seit Urzeiten. Und bin nie ein »Großer Raucher« geworden. So wurden die chinesischen Junkies des 19. Jahrhunderts genannt, die es auf hundert Pfeifen pro Tag (!) brachten. Kein Wunder, dass es kurz vor der kommunistischen Machtübernahme – 1949 – über vierzig Millionen Süchtige im Land gab.

Big smoker, big calamity.

Ich hatte Glück, mein Leben verlief nicht so ausweglos, auch kujonierte – wie die Engländer damals China – keine fremde Macht die Länder, in denen ich eine Opiumhöhle aufsuchte. Auch rauchte ich nie – so geschehen im frühen China –, um Hungergefühle wegzudrücken. Zudem habe ich ein Dutzend Reportagen über das Thema geschrieben und genug Süchtige, Todessüchtige und einschlägige Leichen gesehen, um mich zu wappnen gegen haltlose Versuchungen.

Ich liebe meine Freiheit, sie ist nicht verhandelbar. Mit niemandem, keinem Gott, keiner Frau, keinem Mann, keiner Ideologie. Und keiner Droge auf Erden.

Aber ja, Drogen sind Heimat. Weil ein Gefühl entsteht, das ich wiederhaben will: Wärme, eine Art Zuhause, so etwas wie Schutz. Und ich nähere mich Bewusstseinsebenen, die sonst unerreichbar wären. Sie gehören ins Fach Weltkunde. Gewiss, die Neugierigen sollten auf der Hut sein. Man betritt ein Territorium, das fremd ist. Und riskant. Das fordert Umsicht.

Zuletzt, ich will es mit meinen Rechtfertigungen nicht übertreiben, erst recht nicht jetzt, da ich mich mit Dang auf den Weg in eine vielversprechende Zukunft mache: die kommende Nacht. Hier also die ganze Wahrheit, ja, ich will mich vergnügen. Tage kommen, an denen ist mir die Welt zu viel, auch meine acht Milliarden Nachbarn, auch das Leben. Nein, ich bin dann nicht gefährdet, suche mir kein Plätzchen, von dem aus ich ins Bodenlose springe. Will nur pausieren vom Weltenlärm, vom Siegenmüssen, vom Rennen um die Wette.

Da kommt Opium wie gerufen. Vor meiner letzten Operation fragte mich der Anästhesist, ob mich die Narkose beunruhigen würde. Ich musste lachen, nein, ich liebe sie. Dieses sagenhafte Gefühl, den Kopf zu verlieren, für Stunden nichts zu denken, für absolut nichts verantwortlich zu sein.

Was für ein Hochgefühl, als Dang mir die wohlpräparierte Pfeife reicht. Jetzt leicht auf die linke Seite drehen, sie in beide Hände nehmen, die Augen schließen und das Gift in die Lungen ziehen. Ich mache es wie der Meister, drei Durchgänge, wie in Zeitlupe, fast betulich und unfehlbar konzentriert. Nichts darf ablenken, es sind die Augenblicke einer wundersamen Vorfreude.

Daliegen, dösen und auf die Glücksgefühle warten. Ruhe zieht in mein Herz, Dang strahlt Souveränität aus, ich kann mich auf ihn verlassen. Ein so intimer Akt funktioniert nur, wenn sich die Beteiligten Vertrauen schenken: Dang weiß, dass ich ihn als Chef respektiere, und ich weiß nach den ersten Zügen, dass er mir keinen gestreckten Dreck anbietet. Das schafft Seelenfrieden.

Nach mehreren Runden kocht Dang Tee. Wichtig für die mittlerweile taubtrockenen Mundhöhlen. Ich biete ihm meine Zigarillos an, er lächelt listig. Wir mögen uns. »Zigarettenpausen« sind üblich, sie dehnen die Stunden, sie verhindern, dass man zu schnell die Droge konsumiert.

Als wir uns wieder hinlegen, fällt mein Blick auf das Sofa. Die Frau ist inzwischen verschwunden, leise wie eine Katze. Das bedächtige Inhalieren beginnt von Neuem. Nichts auf Erden stört, nur ewige Stille, nur die winzigen Geräusche, wenn Dang die Pfeife reinigt und das Opium nachlegt.

Irgendwann geht mir die Zeit abhanden, tiefe Nacht muss es sein. Der Augenblick ist da, in dem ich genau das werde, was ich sein will: gleichgültig, nein, vollkommen gleichgültig. Ich schob gerade die Welt von meinen Schultern, und –

wie überraschend – sie zerschellte nicht. Wie beruhigend. Opium gilt als »downer«, weil es nicht aufputscht, nicht wach macht, nicht erhitzt. Koks, ein »upper«, ist das Gegenteil, man redet drauflos, hat Ideen, wird quirlig und fiebrig. Auch gut, doch jetzt habe ich diese Sehnsucht nach Nichtssein. Manche erzählen von erotischen Fantasien, wenn das Opium durch ihren Körper wandert. Ich nicht, ich rauche, um alles loszuwerden. Jedes Verlangen, selbst ein so mächtiges.

Ich will versöhnt sein. Ich will sein, was ich sonst nie will: apathisch, ohne Wut, ohne Geilheit, ohne jede Gier. Ich will mein Ego einschläfern. Ich will leise und glücklich sein.

Dang sorgt dafür, ohne Fehl und Tadel verbringen wir die Stunden. Ohne ein einziges Wort. Nicht einmal die Kraft in mir, darüber nachzudenken, ob Dang dem Gift schon verfallen ist. Höchstwahrscheinlich. Er legt sich gewiss täglich auf den Boden und driftet ins Nirwana.

Es dauert, bis ich die nötige Willenskraft organisiere, um auf die Uhr zu schauen. Immerhin kurz vor fünf. Morgendämmerung, jetzt ist Zeit, dass ich verschwinde. Mehr Seligkeit geht nicht.

Als ich am späten Nachmittag in meinem Hotelbett aufwache, bin ich unfähig, mich daran zu erinnern, wie ich dort ankam. Weiß nur noch, dass ich den Zettel mit der Hoteladresse aus meiner Hosentasche zog und einem Taxifahrer hinstreckte. Dann Blackout. Ich muss einen Heiligen getroffen haben, einen, der sich auskannte mit (friedlichen) Zombies. In der anderen Hosentasche steckten die Scheine für die Fahrt, reichlich nach oben aufgerundet. Die sind weg, und ich will hoffen, dass der Richtige sie gefunden hat.

Man kann sich tatsächlich eine Heimat und ein Glück kaufen. Für eine ganze Nacht. Irgendwo im riesigen Hanoi fand ich beides. Seite an Seite mit einem Wildfremden.

TIERE

Ein ganz banaler Tag. Ich verließ die Wohnung, um Lebensmittel zu kaufen. Als ich aus dem Supermarkt trat, kam der Schrei. Ein paar Schreie im Leben vergisst man nicht. Das war so einer.

Ich lief die zehn Meter vor zur Straße und sah eine junge Frau auf (!) der Fahrbahn knien. Sie schrie, ohne Unterlass. Vor ihr ein Batzen Fleisch, vollkommen platt. Ihr Hund, der Sekunden zuvor unter die Räder eines Autos geraten war. Die Situation ließ keinen Zweifel zu.

Ich bot ihr Hilfe an, sie reagierte nicht, sie schrie. Der Verkehr war belebt, sie war durchaus in Gefahr. Ich fasste sie am rechten Oberarm und zog sie nach oben. Seltsamerweise leistete sie keinen Widerstand. Sie war in Trance und schrie. Ich brachte sie zurück zum Discounter, eine Angestellte besorgte zwei Stühle, wir setzten uns, und der Chef telefonierte nach einer Ambulanz. Während wir warteten, klammerte sie sich an mich und schrie. Den Schrei einer maßlos Unglücklichen. Sie nahm mich nicht wahr, sie wusste nicht, was geschah. Die Sanitäter kamen, gaben ihr eine Beruhigungsspritze und führten sie vorsichtig zum Krankenwagen.

Man könnte nicht mehr Leid für das Verschwinden eines geliebten Menschen empfinden. Natürlich sind Tiere eine Heimat für jeden, der mit ihnen lebt. Jetzt war diese Heimat weg, und es gab eine tieftraurige Frau mehr auf der Welt.

Ich erzähle mit schnellen Sätzen kurz aus meiner eigenen Tierwelt, eher unerheblich. Ich bin bei diesem Thema ein »amateur« in jenem Sinne, den die Franzosen dem Begriff geben: Liebhaber. Und selbstverständlich ein Nicht-Profi, ohne Ahnung. Ich will trotzdem mitreden. Schon deshalb, weil noch immer massenhaft die arme Kreatur geschunden wird. Sie braucht jeden Fürsprecher, so leise dessen Stimme auch sein mag.

Ich vermute, dass ich Tiere liebe, na ja, die schönen. Hund und Katz, Panther, Pferde, Delfine, glanzvolle Wale, Maikäfer, Spatzen, Seepferdchen und noch ein paar Hundert andere. Und unverbrüchlich die Glühwürmchen, die glühen, wenn sie nachts auf Braut- und Bräutigamschau gehen. Und die Eichhörnchen, die sich küssen, um sich wiederzuerkennen. Und – ach, wer nicht? – die Bonobos, die Nervenkrisen meist via erotische Gefälligkeiten befrieden. Jede und jeder mit jeder und jedem – und vice versa. Ganz unscheinheilig, heterosexuell, homosexuell, bisexuell.

Tierliebe? Ja, ich schwör's. Dennoch brach nie ein Heimatgefühl aus. Der Dackel in dem Haus, in dem ich aufwuchs, wurde von einem Motorradfahrer aus dem Weg geräumt. Ich weinte nur ein bisschen, kein Schluchzen. Ich ahnte, dass Susi freiwillig davongegangen war. Unser Haus war kein kuscheliges Heim für Vierbeiner, eher eine Kampfstätte. Auch alle anderen Tiere – Wellensittich, Schildkröten, Hamster, Meerschweinchen – lagen bald tot da, stets zu früh, nie aus Altersgründen. Wir waren keine Heimat, wir waren selbst heimatlos.

Ich habe es mein ganzes Erwachsenenleben zu keiner »festen« Beziehung mit einem Haustier geschafft. Einmal hatte ich kein Geld, einmal verbot es der Wohnungsbesitzer, und für den Rest der Jahre hatte ich keine Zeit. Ich war jetzt Reporter und wenig daheim. Und doch – ich muss irgendwie umnachtet gewesen sein oder einsam oder beides – kaufte ich mir ein Pferd. In Paris. Bis ich begriff, dass eine Großstadt und ein Hengst nicht zusammenpassen.

Meine Freundschaft zu Tieren blieb intakt. Ich gehe vor jedem Kätzchen und jedem Hündchen – wenn ich mich traue – in die Knie und streichle es.

Zuerst ein paar heitere Episoden: Beim Zelten mit meinen Pfadfinder-Kameraden fand ich beim nächtlichen Pipimachen in freier Natur zwei Schnecken in meiner Unterhose. Mein Schrei weckte die anderen siebzehn. Als ich von Frankreich nach Berlin wanderte, wachte ich auf – im Schlafsack am Waldrand liegend – und fühlte die dicke Zunge einer Kuh mein Gesicht abschlecken. Sicher ein Liebesbeweis. Auf einem Dampfer, den Kongo entlang, bat mich ein Tierhändler, auf einen seiner Schimpansen aufzupassen. Also spazierte ich mit dem Affen im Arm über das Deck. Ich war selig, war ich doch seit Kindestagen in Tarzans Cheeta verliebt. Hinterher wollte »Mono« mich nicht mehr loslassen. So suchte ich nach einer Banane, warf sie weit weg, und die Liebe hatte ein Ende. In Algerien rettete ich eine Katze – bizarr auf der Spitze eines Gitters gelandet – vor ihrem Tod. In Mexiko lockte ich einen achtzig Meter entfernten Kater – er muss von meiner Tat gewusst haben – in meinen Schoß. Und wir schauten gemeinsam über den Rio Grande. Auch er wollte mich nicht mehr hergeben und schlich unbeirrbar hinter mir her. Bis ich, eher wehmütig, davonsprintete.

(Kurz darauf stach mich eine Wespe in die Unterlippe, wohl die Strafe für meine Herzlosigkeit.) In New Orleans schlängelte sich – während der Voodoo-Zeremonie – ein Python um meinen Hals. Und hielt still. Ich auch.

Andere Tiere waren weniger begeistert von mir. Der blöde Hund einer Freundin biss mich, wohl eifersüchtig. Er war kein Pitbull Terrier, ich radelte trotzdem ins Krankenhaus. In der Sahara lauerte ein Skorpion in meinem rechten Stiefel. In Kenia lief ich vor zwei schlecht gelaunten Wildschweinen weg, die ich beim Kopulieren überrascht hatte. (Wer wäre da nicht sauer.) Da sie schneller rennen als jeder Mensch, gelang die Flucht nur durch einen Sprung in einen Bach. In Laos warf mich ein Esel ab, in Kanada ein Pony. Zugegeben, es gibt begabtere Reiter als mich. Aus Thailand kam ich mit einer großen Beule am Nacken zurück. Irgendein Insekt musste mich gestochen haben. Damals glaubte ich noch an Homöopathie und ging gleich am Tag meiner Rückkehr in eine Praxis. Und bekam ein paar Pflanzenblätter ausgehändigt, die ich nachts auf die Wundstelle legen sollte. Ich tat, wie mir aufgetragen, und rief nach Mitternacht – blöd jetzt vor Schmerzen – den Notarzt an. Der mich mit Blaulicht in die Klinik fahren ließ, da die Gefahr einer Blutvergiftung bestand. Um 1.21 Uhr wurde die fette Schwellung aufgeschnitten, dickes Blut und dicker Eiter flossen. Ich wurde geheilt. (Wie auch vom Glauben an den Homöopathie-Hokuspokus.)

Tiere als Heimat, Tiere als Schrecken. Zwischen fünf und zehn Millionen verschiedene Arten gibt es, und so manche gelten noch als unentdeckt. Über eine Trillion (= eine Eins mit achtzehn Nullen: 1 000 000 000 000 000 000) soll auf der Erde leben. Da muss doch für jeden von uns eines dabei sein, das Wärme und Freude, sprich, Heimat, auslöst. Und wäre es nur – wie bei vielen, wie bei mir – sporadisch: weil ein Pfau auftaucht oder ein Collie oder ein Reh oder ein Zaunkönig oder ein Pinguin.

Auch ausgefallene Lieben kommen vor. Eine Freundin tätschelte abends zuerst ihre Schlangen. Nie betrat ich ihre Wohnung. Eine glitschige Epidermis umarmen, das ist ein absonderliches Vergnügen. Eine andere nahm ihren Rüden mit ins Bett. Ohne jeden Hintergedanken, doch offensichtlich konnte sie ihn inniger hätscheln als mich. Eine dritte züchtete einen Papagei, der grundsätzlich »Fuck you« krächzte, wenn ich zur Tür hereinkam. (Ich war gewiss nicht der Einzige, der so begrüßt wurde.) Bei allen dreien war mir nie klar, nach wem sie sich mehr sehnten. Nach mir oder »ihm« oder »ihr«.

Bei einem meiner Besuche fiel mir ein Satz von Schopenhauer ein: »Mitleid mit Tieren hängt mit der Güte des Charakters so genau zusammen, dass man zuversichtlich behaupten darf, wer gegen Tiere grausam ist, könne kein guter Mensch sein.« Ach, Arthur, du Ahnungsloser, das ist nur die halbe Wahrheit. Dreh den Spruch um, und die Wirklichkeit wird dich überraschen: »… wer gut gegen Tiere ist, kann nicht schlecht gegen seinesgleichen sein.« Von wegen. Ich will dir von einer Ex erzählen, die abgöttisch in ihren Golden Retriever verliebt war und in eine monatelange Depression verfiel, als er eingeschläfert werden musste. Jedes leidende Lebewesen rührte sie zu feuchten Augen. Nur nicht Menschenwesen. Sie konnte eiskalt an einem verschorften Obdachlosen vorbeigehen, ohne einen Hauch von Teilnahme zu spüren, von einer Spende nicht zu reden. Im Gegenteil, sie gab ihm jede Schuld an seinem Schicksal.

Von diesen Tierliebhabern und Menschenhassern gibt es eine Menge. Brigitte Bardot ist die berühmteste von allen. Ihre Arbeit für das Wohlergehen der Tiere ist bewundernswert. Was sie über ihre zweibeinigen Zeitgenossen verlautet, klingt weniger zartfühlend. Eher nach Verachtung. Dass sie dem »Rassemblement National«, der rechtsextremen Partei Frankreichs, nahesteht, passt ins Bild. Man kann Tiere lieben und nebenbei bekennender Rassist sein.

Ein ganz anderes Kaliber war Tierfreund Rudolf Höß, der (erste) Kommandant von Auschwitz. Er streichelte mit Hingabe Katzen und vergaste anschließend Juden. Sogar das geht: kleine Wehrlose schützen und hauptberuflich als Massenmörder unterwegs sein.

Meister Schopenhauer – auch nicht bekannt für allseits gelebten Humanismus, vielmehr berüchtigt als mürrischer Einzelgänger – täuschte sich. Die einen schaffen es tatsächlich und respektieren Mensch und Tier, die anderen trennen säuberlich.

Noch ein Wort zum Philosophen, durchaus amüsant. Er hielt sich zeitlebens einen Pudel. Starb einer, kaufte er den nächsten. Er nannte sie alle »Atman«, das Sanskritwort für Lebenshauch. War er sauer auf den Beller, schimpfte er ihn »Mensch«. Witz besaß der Alte.

Schnell ein Zwischengedanke. Das Buch ist zu dünn, um die so verwirrende Frage zu beantworten, ob wir zum Wohle unserer Gaumenfreuden oder zur Verschönerung unserer Bodys Tiere vom Leben in den Tod befördern dürfen. Ich weiß es nicht, stimme aber hübsch verschwiegen zu, indem ich bei Gelegenheit ein Wiener Schnitzel oder Steak bestelle. In Maßen, dennoch nicht willens bin, darauf zu verzichten. Obwohl ich den Satz von Paul McCartney – »Wenn Schlachthäuser Wände aus Glas hätten, wäre jeder Vegetarier« – kenne, bleibt es dabei: Ich bin schwach, inkonsequent und Fleischfresser. Und liebe Lederjacken.

Großer Sprung, zurück zur Schönen mit dem bildschönen Retriever. Ich habe ihr damals – ganz und gar vergeblich – zu erklären versucht, warum ihr (fast) Ein und Alles immer sweet ist, immer vor ihr mit dem Schwanz wedelt, ergeben und herzallerliebst zu ihr aufschaut und nie aufhören wird, ihr hinterherzuschwänzeln: Weil er bis zu seinem letzten Schnaufer im Paradies lebt, ja, 24 Stunden pro Tag – von Anfang Januar bis Ende Dezember – geliebt, gefüttert, geputzt, geherzt und bewundert, ja, umgehend zum Onkel Doktor befördert wird, um jedes etwaige Wehwehchen professionell behandeln zu lassen. Um danach wieder auf urgemütlichen Kissen zu lümmeln und zu schlummern, nie und nimmer sich um irgendetwas sorgen muss, irgendwann – gemächlich – aufsteht und frisst, gestärkt zum Kuscheln antrottet und bald selig weiterpennt. Man müsste schon einen ungeheuer niederträchtigen Charakter haben, um in solchen Verhältnissen nicht treudoof und grundsätzlich bester Stimmung zu sein.

Beim Verschorften an der Ecke und uns anderen, den nicht immer so Bestgelaunten, sehen die Umstände nicht so rosig aus: täglich früh aufstehen, ein Frühstück auf den Tisch stellen, sich in ein Auto oder die Metro zwängen, die vielen Griesgrämigen aushalten, acht Stunden – mitten unter anderen Griesgrämigen – malochen, den Chef verkraften, noch eine Heimfahrt wegstecken, ein Essen kochen, das Geschirr spülen, das öde Familienleben über sich ergehen lassen und mit dem Gedanken einschlafen, dass der nächste Tag nicht glorreicher sein wird als die unendlichen Tage davor. Und all die Jahre nicht aufhören, Geld ranschaffen zu müssen, die Macken des Körpers hinzunehmen, sich beim Altern zuzuschauen und sich, zehrend und Seele aufessend, nach einem anderen Leben mit einer anderen Frau oder einem anderen Mann zu sehnen: Uff, wie überaus nachvollziehbar, dass man – so ungeküsst, so ungeherzt und so unbewundert – außerstande ist, minütlich vor Freude loszubellen, artig Männchen zu machen und via Stupsnase die ganze Welt zum Knuddeln einzuladen.

Sorry für den kleinen Schlenker in die Menschenwelt. Aber näher sind mir die, die für beide Rassen auf Erden Empathie aufbringen, die Tierchen und die Menschlein. Ich misstraue jedem, dem das Heil der einen wichtiger ist als das der anderen. Als während der Coronakrise die Zustände in der Fleischindustrie und die dortigen Arbeitsbedingungen an die Öffentlichkeit kamen, wurde viel vom »Tierwohl« und »artgerechter Tierhaltung« geredet. Mit Recht. Ich klicke nochmals einen Like an, wenn wir uns auch auf das »Menschenwohl« und eine »artgerechte Menschenhaltung« einigen, sehr konkret: dass die vor Ort beschäftigten Arbeiter nicht zu sechst (sollte das reichen) in maroden Kammern mit vorsintflutlichen sanitären Anlagen abgestellt werden, eher in Wohnungen, die nicht erniedrigen, sondern ein Gefühl von zu Hause auslösen.

Schon wahr, die Mehrheit der acht Milliarden, die den Globus bewohnen, könnte noch Nachhilfe vertragen, was den Umgang mit Nicht-Menschen betrifft. Wer ein bisschen in der Welt herumgekommen ist und in arabischen Schlachthäusern oder auf Hundemärkten in Kambodscha oder in chinesischen Metzgereien oder bei Hahnenkämpfen in Mexiko – nur eine winzige Auswahl der Tatorte – anwesend war, der bekommt eine Ahnung von dem, was an schierer Grausamkeit möglich ist. Die Gründe dafür, hier die zwei entscheidenden: Es gibt in den meisten Ländern keine Gesetzgebung, die zum Tierschutz verpflichtet. Und – so vermute ich nach Gesprächen mit den Beteiligten – das Bewusstsein fehlt. Da mag die Kreatur ihren Schmerz in den Himmel brüllen, den Täter – rasend intelligent ist er eher nicht – streift nie die Idee, dass das malträtierte Opfer (wie er) ein Recht darauf hat, an keinem Tag seines Lebens geprügelt zu werden. So absurd sich das anhört, aber Mitgefühl muss man »lernen«. Ein Teil ist angeboren, ein Teil nicht.

Das erinnert unmissverständlich an den über 300 Jahre lang blühenden Sklavenhandel von Kontinent zu Kontinent. Viele waren damals überzeugt, dass Afrikaner auf die Welt gekommen sind, um als zweibeinige Tiere – geplündert und schikaniert – den »Masters« zu dienen. Ein Herz für Schwarze? Soweit kommt's noch.

Hier eine Episode aus dem Leben des englischen Philosophen Jeremy Bentham, Zeitgenosse Goethes und Vater des »Utilitarismus«, eines Ideals, das davon ausgeht, dass jedes moralische Handeln – grob vereinfacht – allen zugutekommen soll. Mister Bentham besaß einen Kater, den er Sir John Langborn nannte und bei Tisch mitessen ließ. Es gebe so viele Gemeinsamkeiten zwischen Mensch und Tier, meinte er, »wobei es nicht darum geht, ob sie argumentieren oder reden können. Die Frage ist, ob sie leiden können.« Wer diesen grandios einfachen Satz verstanden hat, kann nichts falsch machen.

Vielleicht doch. Es gibt Situationen, in denen jede Antwort das Gewissen beschwert. Aber keine Reaktion noch unerträglicher wäre: Ich war in Indien mit einem Leihwagen unterwegs und sah rechts neben der einsamen Landstraße einen Hund stehen. Was nicht bemerkenswert ist, streunen in diesem Land doch Millionen herrenlos herum. Ich hielt trotzdem, denn das Tier befand sich in einem rundum verwahrlosten Zustand. Ein Bastard, groß wie ein Schäferhund, auf den Rippen kaum noch Fell, weggeätzt von Flöhen und Parasiten. Dazwischen Ekzeme, offene Wunden, eiternd, nie verheilt, wohl Erinnerungen an Kämpfe mit anderen Hungerleidern. Er war blind, und aus der linken Augenhöhle starrte ein dunkles Loch. Eine Pfote fehlte, er humpelte, die vier Beine zitterten. Man hätte wegschauen können, aber nicht weghören. Der siechende Köter wimmerte, jaulte, er war nicht krank und elend, er war multimorbid.

Ich fuhr weiter, ratlos und überfordert. Ich hatte ihm noch etwas zu trinken und fressen hingestellt, doch er rührte es nicht an. Er wollte nicht leben, er wollte sterben.

Nach ein paar Kilometern hielt ich den Jammer nicht mehr aus und kehrte um. Der Spindeldürre stand nun seltsamerweise mitten auf der Fahrbahn. Nein, er hatte mich nicht erwartet, nur ein Zufall, nur ein rätselhaftes Tierherz. Ich musste schnell handeln, um nicht einzuknicken und den Entschluss nochmals zu überdenken. Ich gab Gas und prallte mit voller Wucht auf das Tier. Ich stoppte, stieg aus und schleifte den Kadaver in den Schatten, bedeckte ihn mit Ästen und Sträuchern. Ein Hundeleben in Indien. Kein schönes Leben, kein schöner Tod.

Sind Tiere die besseren Menschen? Garantiert nicht. Wir sind einander so ähnlich in unserer Fähigkeit zu Sympathie und Aversion, zu Rauflust und Solidarität, zu Beherztheit und Panik, zu Selbstbescheidung und Maßlosigkeit, zu Coolness und Auftrumpfen, zu Großzügigkeit und Räuberei, zu Gerechtigkeit und Bosheit. Manche sind treuer (nicht treu!), und manche vögeln links und rechts, was des Wegs kommt, manche sind – wunderbares Argument gegen das Geschwätz von »natürlich« und »unnatürlich« – stockschwul. Gipfel bigotter Verwirrung: Früher sprach man vom »moralischen Niedergang« der Tiere.

Die drolligen Tierchen keilen sich um Revier und Weibchen, protzen als Alphatiere, nicht wenige stehen lieber auf Kriegsfuß, als per Friedenspfeife zum Weltfrieden beizutragen, klauen anderen ihre Nachkommen, werfen ihren Nachwuchs in fremden Nestern ab, putzen sich zur Brautschau und balzen und baggern so eitel und penetrant wie jeder Dorfjohnny. Und wie wir müssen sie sich um Nahrung kümmern, um ein Dach über dem Kopf, um erotische Freuden, um Freunde und Beschützer und um Strategien, die es mit ihren

Feinden aufnehmen. Denn viele trachten vielen nach dem Leben. Wie wir. Auch wir erledigen unseresgleichen. Nur haben wir Bomben und Atombomben, wir sind effizienter.

Noch eine Parallele: Wie es keine Traumfrauen und keine Traummänner gibt, so findet man keine Traumgiraffe und keinen Traumelefanten. Die tausend mal tausend Billionen haben, ganz wie wir, eine elend lange Evolution hinter sich. Abgespeichert in ihrer DNA. Und da steht alles drin, auch die Fights ums Überleben, auch das Wissen, dass man stündlich sterben kann, weil ein Mächtigerer auftaucht, der einen vernichtet. Auch Hitze und Kälte, auch Hunger und Durst, auch die Trauer um Verluste. Wer das ausgestanden hat, kommt nicht als Wunder auf die Welt, sondern als Wesen mit sonnenhellen und düsteren Flecken.

Trotz der Mühseligkeiten hier eine vergnügliche Meldung. Wie bereits erwähnt, tummeln sich bei bestimmten Tierarten – bei Hirschen, zum Beispiel – »Bosse«, die von dem Wahn besessen sind, dass alle vorhandenen »Ladys« zu ihrer alleinigen Verfügung stehen. Als Sexobjekt, versteht sich. Doch die Jungen, die Halbstarken – schon wieder ähneln sie uns – haben in der Brunft auch nur das »eine« im Sinn. Und das oft. »Sneaky fuckers« nennen Experten sie, weil sie sich auf sanften Hufen anpirschen, um so heimlich und geschwind die schöne Hirschkuh zu besteigen.

Unzweifelhaft, Tiere sind geil. Wie beruhigend. Und Tiere denken. Noch ein Pluspunkt. Und ein paar sind richtig klug. Und die meisten so lala. Und der Rest ungemein doof. Wie sie uns einmal mehr an uns erinnern: Die einen verbringen ihre Lebenszeit ziemlich smart, die Mehrheit immerhin passabel und die Übrigen durchaus strohdumm. Nichts ist gerecht verteilt, selbst hier nicht.

Dennoch, das Hirn eines gescheiten Menschen ist noch immer variationsreicher und verführerischer als das einer

Krake, die als das intelligenteste Tier gilt. Am Ende eines Tags gehe ich dann doch lieber mit einer wissbegierigen Frau aus als mit einem Getier, in dessen Mundhöhle sich eine Reihe klebriger Saugnäpfe befindet. Sorry, auch die anderen Intelligenzbestien wie Delfine oder Affen müssen zu Hause bleiben. Für einen Abend mit viel Gekicher und Geist sind sie – noch nicht – ausgerüstet.

Mir ist jede Intelligenz recht, egal, aus welcher Ecke sie kommt. Ob nun ein Tausendfüßler oder Einbeiniger sie produziert: Sie meistert die Fallen des Lebens. Hört man jedoch den Geschichten der leidenschaftlichen Tierfreunde zu, so könnte man meinen, das MacBook, die Filtertüte, das Radio, der Hosenträger und die Gefäßchirurgie wurden von ihren Lieblingen erfunden und nicht von fleißigen Damen und Herren, die unzweifelhaft menschlich aussahen.

Hier die Mär vom »schlauen Hans«, dem Pferd, das rechnen konnte. So hieß es landauf, landab. Nun soll es Leute geben, die nicht glauben, sondern wissen wollen. Also machten sich – September 1904 – Professoren, Tierärzte, ja, sogar ein Zirkusdirektor auf den Weg, um den Wundergaul zu inspizieren.

Die Gelehrten waren skeptisch, doch der Hengst blieb bedächtig. Auf die Frage seines Besitzers »Wie viel ist drei mal neun?« begann er sogleich mit dem Vorderhuf zu stampfen, exakt 27 Mal. Danach berechnete er entspannt ein paar Quadratwurzeln, ein Problem, mit dem sich Menschenkinder im Gymnasium beschäftigen. Hans bestand die Prüfung selbst dann, wenn ein Fremder ihn herausforderte und sein Züchter abwesend war. Die Forscher zeigten sich beeindruckt. Ein Pferd wie kein anderes auf der Welt. Nein, keine Schliche im Spiel. So die Blitzgescheiten.

Erst Jahre später entdeckte ein gewisser Oskar Pfungst, anerkannter Tierpsychologe, des Rätsels Lösung. Freilich, Hans konnte nicht bis fünf zählen, aber dennoch hochintelligente Akademiker überlisten. Hier der geniale Schwindel: Hans stampfte bei jeder Aufgabe einfach drauflos, dabei war er gleichzeitig imstande, feinste Nuancen – eine Winzigzuckung – im Gesicht und am Körper seines Gegenübers zu deuten. Unwillkürlich nahmen die Fragesteller – die natürlich die Antwort kennen mussten – vor dem entscheidenden »korrekten« Hufeklopfen eine angespannte Haltung ein und drückten nach dem »richtigen« Hufschlag mit ihrer Körpersprache, vollkommen unbewusst, Signale der Erleichterung aus. Die der clevere Hans in etwa neunzig Prozent aller Fälle wahrnahm und kein weiteres Mal mit dem Huf aufschlug.

Was für ein Pferd, was für ein Trickser.

Nochmals zurück zu den extravaganten Widersprüchen beim Kontakt mit Tieren. Hier Romanze, dort Todesurteil, schon ein bisschen unheimlich: Die Nutztiere töten wir und die Haustiere lassen wir auf die Bettdecke und schmusen mit ihnen. Weil sie süß aussehen, so putzig, so possierlich. Das ist, als wenn man niedliche Menschen streicheln und die anderen auf den Schlachthof führen würde.

Hat das mit unserem Verlangen nach Schönheit zu tun? Weil ein Kaninchen besser aussieht als ein Mastschwein? Weil in einem Fell wühlen sinnlichere Reaktionen auslöst, als über den Buckel eines Schuppentiers zu streichen? Siehe die Liebeshysterie, die Knut, das Eisbärbaby, in Deutschland, sogar weltweit, ausgelöst hat. Aber ja, die »Unschuld« kommt noch dazu, das Wissen, dass das Putzige nicht wehtun kann, nicht ausholt und zuschlägt, es anzufassen nur Entzücken verspricht.

Darf der Autor kurz tagträumen und sich vorstellen, wie er – herzig und bezaubernd zurechtgemacht – durch Paris flaniert und alle ihm (mir!) schöne Augen machen, mich umarmen, mich abküssen und flüsternd fragen, ob sie mich mit nach Hause nehmen dürfen?

Die Macht der Tiere, beneidenswert. Hier die Geschichte der Tochter einer Freundin, die – aus welchen Gründen auch immer – unbegreiflich menschenscheu war. Bis man sich, nach mehreren Versuchen verschiedener Hilfsangebote, für eine »tiergestützte Therapie« entschied. Auf einem Bauernhof mit Hunden, Lamas (!), Eseln, Schafen, Katzen und Ziegenkitzen. Und Pferden. Und Theresa, die Neunjährige, entdeckte »Schneeflocke« – gerade noch Fohlen und noch nicht Stute. Und das unergründliche Kinderherz und die unergründliche Pferdeseele fanden zueinander. Reden ging nicht, diskutieren ging nicht, Wünsche sagen ging nicht, nie wurde eine Anamnese erstellt. Doch etwas Geheimnisvolles passierte über die Wochen und Monate zwischen den beiden. Ich wüsste keinen Namen dafür. Nein, Theresa wurde kein marktschreierischer Stand-up-Comedian, doch ein Teenie, der anfing, erwachsen zu werden. Weil viel Angst verging. Und der Mut kam – das kleine Wort für Vertrauen.

Nun die letzte Szene, die bestechendste von allen. Dabei so einfach, so en passant, ganz ohne Inszenierung. Ein Spektakel, das auf wundersame Weise, ja, rekordverdächtig rasant von der Magie eines Tierchens erzählt.

Ich saß auf der Terrasse eines Cafés, las und rauchte einen Zigarillo. Was dem reinen Glück hienieden wohl mit am nächsten kommt. Eine Zeit lang, bis ein halbes Dutzend Männer, nur ein paar Schritte entfernt, Platz nahm. Geräuschvoll. Ich blickte auf und sah auf sechs Schultern, breit wie Türrahmen, mit je zwei Armen, überwuchert von monumentalen Muskelpaketen und den schauerlichsten Tattoos Mitteleuropas. Muskelshirts bedeckten nur notdürftig ihre gewiss imposanten Torsos. Drei hatten gut geschnittene Gesichter, zwei eher brutale, und der sechste, der war kugelrund von oben bis unten. Alle trugen Hipsterbärte und auf dem Schädel die eine Frisur, die Frisur für Klone, die ein zu lebenslänglich verurteilter Zuchthäusler im LSD-Delirium erfunden haben musste: den Undercut. Vier ihrer zwölf Männerbeine steckten in Shorts, der Rest in Trainingshosen.

Ich schloss die Augen, um bei Sinnen zu bleiben und mir vorzustellen, wie ich beim Anblick der Herren in finsterer Gasse diskret umdrehen und verduften würde. Zitternd bis hinter die eigene Wohnungstür.

Jedes Klischee wurde bedient. Die sechs gehörten zur Rasse der Zampanos, die Knie souverän *manspreading*, triumphal gestikulierend und dicke Sprüche in die Welt posaunend. Fraglos Sieger unter sich, augenblicklich und unüberhörbar in Heldenlaune. Deutsche und Türken, vermutlich.

Dann erschien der Engel. Der Besitzer des Cafés kam auf den Tisch zu, die sieben kannten sich offensichtlich. Auch er bärtig, aber mit Rauschebart, doch ebenfalls voller Bizeps, Trizeps und Quadrizeps. Nein, er war nicht der Engel. Den trug er im Arm.

Jetzt schlug der Blitz ein, die Angeber hörten schlagartig auf anzugeben und streckten stürmisch ihre Hände nach oben, jeder musste unbedingt der Erste sein, der das Knäuel in Empfang nehmen durfte. Und einer bekam es, und der deutsch-türkische Männerverein verfiel in Verzückung, sie babbelten plötzlich wie Leute, die vor einem Kinderwagen stehen und via Babysprache auf den Säugling einreden.

Ein Zwergspitz war der Engel, und aus den sechs Wilden wurden sechs Zartlinge, die sich um ein Hündchen rissen, es hin- und herwiegten, es an ihr Herz (hinter den drallen Muskeln) hielten, es da und dort und überall (sacht) drückten, schiere Lobgesänge anstimmten, ihre mächtigen Nasen in den duftend-weißen Wuschelpelz steckten, es kosten, das Näschen beschnupperten, Liebesfetzen stotterten, ja, im

Handumdrehen mutierten sechs pompöse Egos zu verzückten Liebenden.

Ich sah noch immer hin und habe alles verstanden: ein Zwerg als Liebesapostel, als Friedensstifter, als Coach für Cool-down. Und seine Zauberkraft schien so unfassbar schwer und so unfassbar einfach zu sein: Er nahm jeden Liebesbeweis an und wies keinen der sechs von sich, und kein »ach, du Kümmeltürke« entkam ihm und kein »ach, du deutscher Fettsack« und kein »ach, wie riechst du scheußlich« und kein »ach, was redest du für ein Blech«, und keine Goldbarren und Großtaten interessierten ihn, keine glorreiche Vergangenheit und keine beneidenswerte Zukunft, nein, er war *pure love*, ein Hund als Heiliger. Kein Urteil und kein Vorurteil verringerte die Distanz, nichts, absolut nichts versperrte den Weg zwischen ihm, dem Papiergewicht, und den Schwerathleten. Keine Neurose störte, keine böse Kindheit meldete sich, nicht ein Schatten war zu sehen in dieser Stunde. Bei keinem, nur Innigkeit und Wärme schwirrten rastlos hin und her.

Fast sechzig Minuten ging das so. Dann fing es zu regnen an, und unverzüglich musste der Wichtel in Sicherheit gebracht werden.

Was für ein herrliches Leben. Lesen, rauchen und entspannten Männern zusehen. Auf dem Weg nach Hause kam ich an einem Bettler vorbei. Erstaunlicherweise hatte er die Bettelschale vor seinen Hund gestellt, der einen halben Meter entfernt neben ihm saß. Das war schlau: Das Herrchen pennte, und das Tierchen schaute, dass es klingelte. Reichlich, lauter Münzen schimmerten im Teller. Was für ein friedfertiger Tag auf der Welt.

Das Glück des Augenblicks: Brazzaville

Ich bewundere immer Frauen und Männer, die standhalten. Die nichts verranzen lassen. Nicht das Hirn, nicht den Körper, nicht ihren unbedingten Willen, sich zu unterscheiden: von dem, was alle nachplappern, und von dem, was alle tun, weil alle es tun. Die als Einzelstück daherkommen.

So einen traf ich in Brazzaville, der Hauptstadt der Republik Kongo. Ich flanierte durch ein abgerissenes Viertel, und ein schillernder Vogel kam mir entgegen: Als »Monsieur Clément« stellte er sich vor, lächelnd und unerschrocken selbstsicher. Ich hatte ihn angesprochen, und über sein Gesicht huschte das Lächeln eines Siegers. Er wusste um seine Wirkung, und er genoss sie. Clément war der erste leibhaftige »Sapeur«, dem ich begegnete.

»La SAPE« ist ein Phänomen, eine Absicht, die sich nichts Leichteres vorgenommen hat, als zur Schönheit der Welt beizutragen. Die vier Buchstaben stehen für »Société des Ambianceurs et des Personnes Élégantes«, Gesellschaft der

Stimmungsaufheller und eleganten Personen. Und ein Sapeur ist einer von ihnen.

Entstanden ist die Bewegung in den Sechzigerjahren des vergangenen Jahrhunderts. Aus so verschiedenen Motiven: um sich von den Kolonialherren – den Franzosen – zu unterscheiden, die mit läppischen Tropenhelmen und Shorts auftraten. Andere behaupten, dass kongolesische Studenten nach ihrem Studium in Paris zurückkehrten, schwer beeindruckt von den Zaubereien der weltberühmten Couturiers. Die dritte Gruppe – und dazu gehört Clément – schmückt sich mit revolutionären Erklärungen: Ihre Sehnsucht, sich herauszuputzen, ihr Wahn, ihre letzten Francs – nicht immer superlegal erworben – für Kleidung auszugeben, ihr penetrantes Bestehen auf »unicité«, auf *Einzigartigkeit*: All das symbolisiert ihren Aufstand gegen die Trostlosigkeit, die sie umzingelt, soll zeigen, dass sie Widerstand leisten, ja, auf keinen Fall so verwahrlosen, so enden dürfen wie das Ambiente, in dem sie leben. Deshalb nennen sie sich auch »ambianceurs«. Sie wollen ihre Umgebung verschönern, sie aufpeppen, ihren Teil an Lebensfreude beisteuern.

Wie wahr, ich schlenderte vorbei an einem Verhau blechvernagelter Häuser, auf einer ungeteerten Straße, noch dreckig und aufgeweicht vom morgendlichen Regen. Und mittendrin Clément. Heiterkeit überkam mich, so eine selige Fröhlichkeit. Umso mehr, als sich der Kongolese mit dem Gesichtsausdruck eines Mannes zeigte, der nichts anderes signalisierte als: Schaut nur, wie unfassbar gut ich aussehe! Doch ohne die bösen Augen eines Hochmütigen, überhaupt nicht, nein, wie ein Kind, das sein Glück nicht fassen kann.

Am Straßenrand standen Leute, die ihm begeistert zuriefen und lauthals ihre Begeisterung kundtaten. Ohne Missgunst, ohne moralisierendes Gebelle. Nur Jubelschreie, und ich als Kronzeuge einer Niederlage, denn mein Aufzug wirkte plötzlich – im Vergleich zum strahlenden Clément – unsäglich provinziell.

So sah der Held der Stunde aus: grauer Zweireiher, weißes Hemd, rote Seidenkrawatte, weißes Einstecktuch, eine blütenweiße Baumwollhose und ein Paar – das Wahrzeichen eines jeden echten Sapeurs – hochglanzpolierter Weston-Schuhe. Und auf dem attraktiven Kopf einen schwarzen Borsalino mit weißem Band. Und in der Rechten einen dunklen Lappen: um jedes Staubkorn sofort vom Leder zu wischen. »Je suis le Alain Delon de Brazzaville«, meinte er nachlässig. Aber ja, er war der Superstar weit und breit.

Ein schwarzer Gott im schwarzen Elend. Clément »stimmte«, war eins mit sich, vollkommen frei von Schuldgefühlen. Dabei war er ein kleiner Angestellter bei den Stadtwerken, hatte – wie sonst? – Schulden und lebte in einem Zimmer (von der Decke hingen die Kostbarkeiten, die feinen Stoffe) mit Außenklo und ohne fließendes Wasser. Doch mit allem nahm er es auf, denn diese Leidenschaft – »être impeccablement habillé«, *tadellos gekleidet zu sein* – trug ihn durchs Leben.

Was instinktiv noch etwas anderes nach sich zog: seine mondäne Körperhaltung, sein wiegender Gang, das Gesicht Richtung Frauen und Männer, die an ihm vorbeigingen. Kein Rundrücken mit Handy, kein penetrantes Desinteresse am Hier und Jetzt. Clément war da, mit allem Seinem.

Wäre ich schwul, ich hätte mich in ihn verliebt.

»Clément« passte zu ihm, denn im Französischen ist das nicht nur ein Name, sondern auch das Adjektiv für: milde. Passte zudem zur Weltanschauung der Sapeurs, die versuchen, sich von zwei Maximen leiten zu lassen: Respekt für jeden, Gewalt für niemanden. Sie wollen wie Gentlemen glänzen, die »gentle«, *schonend*, *behutsam*, sich benehmen.

Das klingt gewiss bizarr, aber in den Tagen, die ich mit dem 36-Jährigen verbrachte, war er »ma patrie«, meine kleine Heimat, meine Heimat für eine Woche. Er hatte das, was mir fehlte. Dabei denke ich nicht an seine (gefühlten) drei Tonnen Klamotten, vielmehr an seine Nonchalance, sein Talent, so spielerisch mit den Anwürfen des Alltags umzugehen. Dürfte ich, wie ich wollte, ich hätte ihn als Bruder adoptiert. Als wir uns beim Abschied umarmten, bekam ich feuchte Augen. Meine Sonnenbrille bewahrte ihn vor meiner Rührseligkeit. Weit entfernt winkte ich noch einmal zurück, jetzt fast so cool wie er.

ZEN

So ist es: Wenn das Leben voller Schwung verläuft, bleibt alles, wie es ist. Fängt es jedoch an abzustürzen, weil Gefühle, Tatsachen und Sehnsüchte durcheinandergeraten, dann muss gehandelt werden. Um dem Desaster Einhalt zu gebieten. Das so verschiedene Namen trägt: Die Liebe kann bröckeln oder der Körper faulen oder der Beruf ermüden. Drei von tausend Gründen, warum die Seele in Turbulenzen gerät.

Die Hellen reagieren, sie schauen sich um, sie fragen, sie suchen. Und tun.

Zweifellos: Viele schmoren weiter. Sie ändern nichts, sie glauben tatsächlich, das Leben gebe es gratis. Sie sind noch nicht erwachsen geworden. Wie Zehnjährige warten sie auf ein Wunder.

Meine zehnjährige Mutter war so eine. Jeden Tag stieg sie hinab in ihr Elend und hörte nie auf zu hoffen: die Ursünde aller Schwachen. Statt zu meutern, statt es mit der Wirklichkeit aufzunehmen, statt – in ihrem Fall – dem Unhold davonzulaufen, der sie ins Unglück trieb.

Ich habe nie begriffen, warum Frauen (wie Männer) in der Nähe von Tätern bleiben, die sie erniedrigen. Mit Worten oder mit Worten plus Fäusten. Jahrelang, ewig bleiben. Obwohl Auswege offenstehen. Ist das Feigheit? Trägheit? So eine verschwiegene Resignation? Ich ahne es nicht einmal, so fremd ist es mir.

Ich bin davon, noch minderjährig. Doch ich hatte Glück, ich war hoffnungslos, durchaus bereit, das Biotop der Gewalt aufzugeben.

Geduld bitte, ich verliere das Thema – Zen – nicht aus den Augen. Aber Klarheit braucht bisweilen Umwege. Mithilfe konkreter Storys aus dem konkreten Leben. Theoretische Kommentare mögen helfen, doch das Erleben – mit allen Sinnen – geht tiefer. Erst spüren, dann kann ich den intimen Vorgang in Gedanken, in Sprache übersetzen. Vom Gebären eines Kinds darf nur eine erzählen, die es hinter sich hat. Sonst niemand.

Ähnlich funktioniert es mit Zen: ein existenzielles Ereignis, voller Rätsel, von dem ich wenig begreife, wenn ihm nur mein Hirn begegnet. Der Leib muss dabei sein. Er registriert die Zumutungen, die Pein, die Anwürfe zäher Mühe, später – vielleicht – so etwas wie Leichtigkeit, etwas wie einen Weg.

Hält der Mensch durch, wird daraus irgendwann eine Heimat, eine Art spirituelles Zuhause: ohne Götzen und Götter, ohne überirdische Verheißungen, dafür immer irdisch, immer mitten im Jetzt. Zudem: Zen ist als Fliegengewicht unterwegs, allzeit transportabel. Man kann es überallhin mitnehmen. Eine mobile Heimstatt, in jeder Ecke der Welt bewohnbar. Wer sich in ihr auskennt, wird beschützt. Garantiert nicht von himmlischen Jungfrauen, doch stets von einem Bewusstsein geistiger Stärke: Sie bewahrt vor den Abgründen der Gier, sie riecht toxische Zeitgenossen, sie warnt vor Verdummung, sie erinnert penetrant daran, im Augenblick zu leben. Und sie mahnt, auch unverzagt, zur Freundlichkeit. Was für eine Dreifaltigkeit: Disziplin, Eigenverantwortung, Mitgefühl.

Jede Spiritualität, die nicht in den Alltag führt, ist nutzlos.

Wie so viele geriet ich in meiner Jugend unter die Räder und suchte Heilung für die Wundstellen – innen und außen. Nur am Rande kam ich mit Zen in Berührung, hörte davon, probierte, gab auf. Später erfuhr ich, dass Zen bei schweren psychischen Konflikten nicht greift, im Gegenteil, es kann die Zustände verschärfen. Wem es dreckig geht, der braucht andere Werkzeuge.

Ich fand sie, auf verschiedenen Erdteilen. Über fünfzehn Jahre dauerte diese Phase. Dann hielt ich mich für robust genug und flog nach Japan. Warum dorthin? So genau weiß ich es nicht, vielleicht gefiel mir die Strenge des Zen, die typisch japanische Form des Buddhismus: kein Firlefanz, nur wenige Rituale, nichts Pompöses. Zudem der klare Hinweis, dass es sich um eine Weltanschauung handelt, eine Art Philosophie. Und bestimmt keine Religion. Denn einen Herrgott haben sie im Zen nicht, glauben gilt nicht, jeder soll seinen eigenen Erfahrungen folgen und keine »Weissagungen« nachleiern.

Zuletzt, ungemein dem Weltfrieden zuträglich: Buddhisten missionieren nicht, man trifft keinen, der dich wissen lässt, dass du zur Hölle fährst, wenn du nicht den oder jenen Weltenherrscher verherrlichst. Der Buddhismus kann warten, bis ein Mensch ihn findet. Wie souverän.

Auch wahr, und ich wusste es seinerzeit nicht: In manchen Weltgegenden war der Buddhismus längst korrumpiert, zum Götzendienst verkommen, in dem nun Buddha die Rolle des Alleröbersten übernahm. Aus einem, der Vorschläge machte, wurde ein Heiligenschrein. Vor dem man sich niederwirft und zu flehen beginnt.

Wie ich diese Bilder aus meiner Jugend kannte. Sie haben mich damals schon befremdet. Heute stoßen sie mich ab. Gesten der Selbsterniedrigung, sie besitzen keine Würde. Spiritualität ist das Gegenteil von Demütigen. Sie soll uns beistehen, um die eine große Frage zu lösen: wie leben?

Ich war früh überzeugt, dass das Trainieren von Willensstärke unverzichtbar wäre, um meine Existenz in den Griff zu bekommen. Zu viele Bauchlandungen lagen hinter mir, zu viele Träume, die abstürzten. Gewiss aus Mangel an Talent, gewiss aber auch, weil die Kraft nur für ein Strohfeuer reichte. Keine Leidenschaft loderte, kein Eifer half über Durststrecken hinweg. Ich wollte etwas, aber ich weigerte mich, dafür zu bezahlen – mit Festigkeit, nein, mit Hartnäckigkeit, nein, mit Unbedingtheit.

Mein Roshi, der Abt des kleinen Klosters, war rund und heiter. Bereits im Rentenalter und immer noch pausbäckig. Ein Freund hatte mir die Adresse gegeben, und sie war die richtige. Imamura-San fragte kaum, das »Einstellungsgespräch« dauerte keine halbe Stunde. Zahlen und Daten schienen ihn nicht zu interessieren. Womöglich gefiel ihm meine Not, vielleicht vermutete er, dass einer, der so redet, die acht Monate durchhalten, eben nicht nach den ersten Mühseligkeiten davonrennen würde.

In den frühen Zeiten musste ein Schüler, der aufgenommen werden wollte, oft wochenlang vor dem Tor ausharren. Tag und Nacht, bei Regen und Schnee, ohne dass einer sich um ihn kümmerte. Der ultimative Härtetest, um herauszufinden, ob der Mensch psychisch stabil genug ist für den monatelangen Aufenthalt.

Bei mir schlug – umgehend und nie zu kontrollieren – mein Vaterkomplex zu: So einen wie den Roshi hätte ich mir als Zeuger gewünscht, so einen, der eine lässige Autorität ausstrahlt. Kein Schläger und kein Weichling, doch einer, der ein Kind auf die Zukunft vorbereitet. Der zeigt, wie man seine Waffen schmiedet, was es braucht, um es mit achtzig endlosen Jahren aufzunehmen. Entschieden, ja, streng hätte er sein dürfen, solange Achtung und Liebe ihn antrieben, aber nicht streng und unerbittlich wie einer, der die Bitternis über sein eigenes Fiasko an mir und dem Rest der Menschheit austobt.

Meine Intuition hatte mich nicht getäuscht. Des Roshis Munterkeit ließ nicht nach, sie war keine Laune bei ihm, sondern ein Charakterzug. Doch sie war nicht verhandelbar, sie hinderte ihn nicht, als Boss aufzutreten, der hier seine Vorstellungen von Zen praktizierte. Als Experte und Mensch. Da ich freiwillig bei ihm angeklopft hatte, akzeptierte ich. Hätte er seine Position missbraucht, wäre er herrisch und nur eine Spur sadistisch geworden, ich wäre geflohen. Von Neuem. Gehorsam um jeden Preis? Undenkbar.

Sein Maß an Unnachgiebigkeit tat uns allen gut, meinen neunzehn (japanischen) Mitschülern und mir. Winseln und greinen war untersagt. (Ich liebe diese Art von Männlichkeit, ich missachte das Windelweiche.) Einen Roshi kümmert wenig, ob anschwellende Knieschmerzen am Sinn des Daseins zweifeln lassen. Oder irgendwo sonst der Körper ächzt. Acht Stunden am Tag – mit Unterbrechungen – sitzen, sprich, meditieren ist eine wundersam brutale Art, all jene Teile am Leib kennenzulernen, die peinigen können. Man ahnt es nicht einmal. Wie eindeutig, ein Zenkloster ist kein Internat für Herrschaften mit Ansprüchen. Es ist ein Ort für Erwachsene, die entschlossen sind, ihr Leben in den Griff zu bekommen. Fordernd genug.

Mehrmals pro Tag zeigte unser »sensei«, unser Erzieher, Erbarmen. Dann erhob er sich – er saß unverrückbar wie Buddha – und ging mit einem Schwert bewaffnet durch die Reihe, wo sich auf je einer Seite zehn Leute schindeten.

Meeresstill und mit Schweiß im Gesicht. Der Ritter war höchstwillkommen, denn jeder faltete, sobald der kleine Dicke nur noch zwei Schritte entfernt war, die Hände vor der Brust. Die Geste der Begrüßung. Und Bitte. Nun stellte sich der Meister vor den Schüler, die beiden beugten leicht den Oberkörper zueinander – Zeichen des Respekts –, und der Mann mit dem Schwert holte aus. Mit der flachen Klinge (aus Holz) auf die dargebotene linke Schulter. Das brannte und war erlösend: Das Blut zirkulierte wieder, Leben kam zurück ins Fleisch. Die Zeremonie wiederholte sich: Bitte, Respekt und der zweite Hieb – auf die rechte Schulter. Jetzt bedankte sich der Geschlagene nochmals, und der Samurai zog zum Nächsten. Wir alle wollten vertrimmt werden. Um nicht zu versteinern.

Das ist das unheimliche Geheimnis von Zen. Nichts wird unterrichtet, keine wissenschaftlichen Erkenntnisse vermittelt, kein Handwerk gelehrt, keine Ideologie verabreicht, keine Fertigkeit. Wenn nicht die eine: zu sitzen und den Atem – das »Aktuellste«, was wir haben – zu beobachten. Also das eine so sagenhaft Schwere zu lernen: sich auf die Gegenwart zu konzentrieren, anders gesagt, das Tollhaus unter der Schädeldecke zu besänftigen. Was den erstaunlichen Nebeneffekt produziert, dass die mentale Pollution – all die Kanonaden des Schwachsinns, all die Hysterie aus allen Rohren – sich lichtet. Der Müll im Kopf wird weniger, Kräfte werden frei für das, was zählen soll. Der Mensch fängt an, Entscheidungen zu treffen, die mehr mit ihm zu tun haben als mit dem, was andere von ihm erwarten. Er meidet bald Frauen und Männer, die verätzen und keinen Funken Lebensfreude verbreiten, ja, er hört auf, sich zu verraten.

Alles, was ich hier formuliert habe, hat C. G. Jung in einem fulminanten Satz zusammengefasst: »Kommt der Mensch in Ordnung, kommen die Dinge in Ordnung.«

Ach, bevor ich es vergesse: »Erleuchtet« wird niemand, das ist ein Begriff aus dem Hokuspokus-Wörterbuch der Esoterik. Wer soll das sein? Ein Alleswisser? Ein Übermensch? Ein rastlos grinsender Baba Cool? Wir haben nur Frauen und Männer, die verschieden »bewusst« ihr Leben verbringen. Die sehr Bewussten, will ich mir einbilden, sind jene, die eine verzweifelte Liebe zur Menschheit nährt und deren Hirn jeden Tag frisch durchlüftet wird.

Natürlich ist Zen kein Allheilwunder. Andere »Methoden« können auch helfen. Jeder dockt woanders an, wird irgendwann feststellen, dass er hier oder dort richtig liegt. Ich hatte vieles vorher probiert, und fast jede Therapie hat mir geholfen. Ein wenig oder ziemlich intensiv. Aber nie breitete sich ein Gefühl von lebenslänglicher Verbundenheit aus. Bei Zen schon. Nach ein paar Wochen – in der Sommerhitze von Kyoto dampfend, im Krieg mit einem widerspenstigen Körper, verfolgt von hundsgemeinen Moskitos – verliebte ich mich in Zen. Ist das kitschig? Möglich, doch so war es. Ich spürte, dass ich – absolut unbegabt für jede Art Frömmigkeit – etwas gefunden hatte, das beides war: so virtuell, so spirituell und gleichzeitig so wirklich, so sinnlich erfassbar, so alltagstauglich.

Aber ja, Zen als Heimat, eine, in die ich seither flüchte, wenn ich Hilfe brauche. – Ich brauche sie jeden Tag.

Ich erinnere mich an einen Schuster in Thailand, der um seinen mobilen Arbeitsplatz, in einer Ecke am Ende des Trottoirs, eine lange Reihe Götterfiguren aufgestellt hatte. Auch einen Jesus, auch Brahma, Vishnu und Shiva, die Chefs im Hinduismus, auch Jahwe und Zarathustra, alle aus Holz, alle strammgestanden. Als ich ihn fragte, warum er das tue, meinte er trocken: »Man kann nie genug Leute kennen, die einem beistehen.«

Das liebe ich an Zen: Ich muss nirgendwo hausieren gehen, im Zen führen sie keinen Bauchladen mit Bildchen Überirdischer hoch über den Wolken. Zen an sich hilft niemandem, es ist lediglich ein Arbeitsgerät, und alles, tatsächlich alles, hängt davon ab, was der Mensch daraus macht.

Wie viel Zen gibt es auf der Spitze des Berges? So viel, wie du mitbringst.

Die Tage vergingen, klar strukturiert und übersichtlich. Morgens um vier Uhr auf und abends um neun Nachtruhe. Jeder hatte sechs Quadratmeter für sich, was für ein Segen. Ich vermute, wir zwanzig taten dann oft das, was einsame, so junge Männer nachts tun.

Zwischen den beiden Fixpunkten wurde meditiert, Kinhin praktiziert (sich in Zeitlupe fortbewegen), vegetarisch gegessen, in der Küche gearbeitet, der kleine Garten bestellt, die Toiletten gescheuert, die Zellen, alles blitzblank. Japaner leiden definitiv an einem Putzwahn. Der den eigenen Körper und den Rest der Welt betrifft. Was nicht keimfrei strahlt, ist dreckig.

Die Mühsal hatte selbstverständlich – neben dem Bedürfnis nach Sauberkeit – einen zweiten Sinn: schuften bei voller Konzentration. Was immer jemand tut, und wäre es die banalste Aufgabe, er soll es mit letzter Achtsamkeit erledigen. Ewig und unbeweglich hocken ist nichts als Zeit totschlagen, wenn nicht das Allerentscheidendste passiert: das »Gelernte« in das tägliche Leben retten, in die umtriebige Wirklichkeit. Hat einer das kapiert, wird das Leben unendlich reicher.

Alles kostet: auch Stunden der Einsamkeit. Sie kommen mitten im Meditieren. Und kein Ausweg, man sitzt fest, darf nicht davonrennen, darf nicht sprechen, nicht Freunde anrufen, keine Liebesmail schreiben, keine lesen, niemanden umarmen, kein Buch aufschlagen, keine Note Musik hören, nicht hüpfen und lachen, man darf nichts, nur sitzen und – widerstehen. Bisweilen fehlte mir die Kraft, dann brach ich die Versenkung ab, war beschäftigt mit Alltagsgedanken, ließ den Kopf treiben, unternahm nichts, um mich zu disziplinieren.

Diese Einsamkeit holt jeden ein, wenn er sich nur traut, ihr zu begegnen. Wir sind – dramatisch und existenziell geredet – alle einsam. Auch die Liebenden und Geliebten. Nur in Maßen verschaffen sie Linderung. Sie können uns weder unser Leben abnehmen noch unseren Tod verhindern.

Und doch, auf bestimmte Weise kann Zen selbst da aushelfen. Indem es uns beizubringen versucht, diese (unausweichliche) Tatsache zu akzeptieren. Eben nicht in infantile Fantasien – meist angesiedelt hoch droben im Himmelreich – zu flüchten, sondern hier und jetzt seine Zeit auf Erden so ernsthaft und beschwingt zu verbringen, wie wir es vermögen.

Jeden dritten Tag kam eine Lieferung mit Nahrungsmitteln, gespendet von wohlhabenden Bürgern. Mit der Bettelschale durch die Straßen ziehen ist im Zen-Buddhismus nicht üblich. Zumindest nicht bei uns im Kloster. Einmal die Woche war der Tempel öffentlich zugänglich, für einen Nachmittag. Neugierige kamen, und der Roshi antwortete mit Charme auf die Fragen. Wir Zöglinge durften nicht reden. Absolut kein Kontakt, absolut kein Wort. Verstohlen blicken, das ging. Besuchten kirschblütenschöne Japanerinnen die Anlage, dann dauerte es länger, um bei der Meditation die Tumulte im Kopf zu bändigen.

Ein paar von uns sind nachts davon, ich mit. Zweimal, dreimal im Monat. Heimlich und still zum Tor hinaus. Um Damen zu besuchen, die gegen Entgelt willkommen hießen. Da es in Japan nie eine Religion gab, die mit Nachdruck erotische Freuden besudelte, war auch die Beziehung zu

Prostituierten nie von Schuld und verfluchter Geilheit beherrscht. Zudem: Das Land ist reich und hat einen ausgeprägten Sinn für Eleganz. So landete man als Kunde nicht in schmuddeligen Hinterzimmern, dafür in hübscher Umgebung. Und bei Frauen – man sollte sie heiligsprechen –, die den Mann nicht als triebhaften Bock abfertigten, sondern mit bravouröser Unbekümmertheit.

Möglicherweise wusste der Roshi von unseren nächtlichen Ausflügen. Erwähnt hat er sie nie. Ich empfand ihn stets als aufgeklärten Zeitgenossen, als einen, der sich der Widersprüchlichkeiten der menschlichen Natur bewusst war. Und sie annahm und nicht mit moralgiftigen Sprüchen abkanzelte. Der Meister verstand, dass ausgewachsene Kerle – testosterongetrieben – nicht in jedem Augenblick an ihr geistiges Wachstum denken. Hormone drängen, Drüsen melden sich, Blut staut sich, der ganze Leib in Flammen.

Zen kann vieles und vieles kann es nicht. Wie die Haut und den Duft einer Frau ersetzen. Das ist immerhin ein Wunder, und die gibt es bekanntlich im Zen nicht.

Apropos Schönheit. Immer wieder habe ich im Dojo, dem Meditationsraum im Tempel, die Augen geöffnet. Auch, um mich abzulenken von meinen wimmernden Körperteilen, aber auch, um mich zu belohnen: Menschen, die meditieren, sehen gut aus. Souverän, unangreifbar, irgendwie rätselhaft. Schon äußerlich übt Meditation – jenseits allen ideellen Anspruchs – eine irritierende Anziehungskraft aus. Kerzengerade Silhouetten, nichts Verbuckeltes, nicht ein Hauch von Willfährigkeit.

Und noch etwas kam in diesen Monaten über mich: die Faszination für »Leere«. In unserem zwölf mal acht Meter kleinen Saal gab es außer einer eher unscheinbaren Buddhabüste, ein paar Kerzen, ein paar Blumen, ein paar Räucherstäbchen und den 21 Kissen: nichts. Ich konnte mich nie an dieser »offenen Weite« sattsehen. In dem gesamten Kloster befanden sich nur Gegenstände, die wir brauchten. Auch in unseren Zellen stand nicht ein Stück Nippes. Nur eine Tatamimatte, der Futon, fünf Haken und eine Kiste für unser persönliches Hab und Gut. So eine materielle Keuschheit macht stark. Man wird immuner, trotziger gegenüber der blindwütigen Sucht nach Besitz.

Ein kurzer Blick in die Zukunft: Wochen nachdem ich wieder in Europa lebte, rief ich das Amt für Sperrmüll an und ließ mindestens die Hälfte meines Hausrats entfernen. Dieses Verlangen nach »space«, nach Flächen, die nicht unter Wohlstandsgeröll begraben sind, sie hat mich nie mehr verlassen.

Hatte ich bei meinem Vater gelernt – Freud hätte das den »sekundären Krankheitsgewinn« genannt –, dass man im Leben Widerstand leisten muss, um seinen Weg zu finden, so kamen mit Zen die nächsten entscheidenden Lehrjahre: eine Aufgabe tun, ganz tun. Nicht für alles und jeden verfügbar sein. Sich, wie förderlich der psychischen Hygiene, dem globalen Geschwätz entziehen und mit Vehemenz – manche halten das für Kälte – nein sagen können. Kälte, wie das? Sicher nicht, ich rede eher von einer Überlebensstrategie.

In »Bohemian Rhapsody«, dem Biopic über Freddie Mercury, versucht der Vater, dem störrischen Sohn sein Lebensmotto zu vermitteln: »Good thoughts, good words, good deeds.« In Zensprache übersetzt – so gar nicht moralisierend – gäbe das: klares Denken, klares Formulieren, klare Handlungen. Zen kann helfen, dort anzukommen, wo man hinwill. Ich will – wie bescheiden – so leben, dass auf meinem Totenbett nicht die Gefahr besteht, in Tränen auszubrechen über all die Feigheiten und Faulheiten, die ich mir genehmigt habe.

Eine Art Inkubationszeit wirkt bei Zen. Es dauert, bis »Ergebnisse« vorliegen, sie sichtbar werden. Bis man erntet, was man gesät hat. Zen ist eine Heimat, um die man sich bemühen muss. Wie um die Liebe eines Menschen, der zuerst prüft, ob der andere ihrer wert ist.

Deutlich wurde es erst, nachdem ich das Kloster verlassen hatte: Die Zeit, die der/die Meditierende »nutzlos« herumsaß (und herumsitzt), fängt irgendwann an, sich zu amortisieren. Wenn er/sie nur unbeirrbar ist, denn eine »instant gratification«, auch die wird Zen nicht liefern. Es belohnt jene, die zu den Beharrlichen gehören, die Durststrecken aushalten, die begriffen haben, dass die größeren Projekte im Leben nur mit Geduld zu haben sind. Wer sie hat, wer genug Willenskraft organisiert und beschließt, weniger oft seine Lebenszeit auf einem Sofa zu verlümmeln, weniger oft zu netflixen, weniger oft dümmliche Nachrichten aus dem Cyberspace zu checken, ja, bereit ist, sich vom großen Haufen zu unterscheiden, der/die – helfen die Umstände noch mit – ist gerüstet. Nicht fürs Schlimmste, aber immerhin.

Erstaunlich, wie viele Gründe es gibt, um ein Glücksgefühl zu provozieren: weil plötzlich Geld auftaucht, weil Liebe winkt, weil die Flucht gelingt, weil Vögel zwitschern, weil Sätze harmonieren, weil der Tod naht, weil Musik erklingt, weil zwei Körper sich umschlingen, weil eine Bestie sterben muss, weil Regen vom Himmel fällt, weil ein Herz wieder schlägt, weil ein Mensch verzeiht, weil Rache stattfindet, weil der Frieden ausbricht, weil eine Wunde heilt, weil der Postbote den einen Brief zückt, weil da nichts ist in der Welt, das nicht irgendwann, irgendwo irgendjemanden zu einem Glücksschrei veranlasst.

Beim Zazen, dem Sitzen in Stille, passiert noch ein anderes Glück: das aus dem Nichts. Das keinen Namen hat. Reines Glück, ohne Leid für andere, ohne Triumph über andere, ohne die geringste Zutat von außen. Das ohne Grund daherkommt. Man rührt sich keinen Millimeter und ist unheilbar selig. Natürlich kann man den Rausch nicht halten, nicht mitnehmen für spätere Zeiten. Aber dass er bisweilen auftaucht, das ist eine umwerfende Erfahrung.

Wie die Nähe zum Roshi. Nicht ganz so famos, doch durchaus erheiternd, ja, stets beflügelnd. Zugegeben, damals war ich schwer verwirrt, heute bringt mich die Erinnerung an ihn zum Grinsen: An jedem Samstagabend durfte ich eine Weile mit ihm sprechen. Wozu es nie kam. Anscheinend waren meine Fragen derart komisch, dass der Alte jedes Mal schallend zu lachen anfing. Ich wollte so unvorstellbare Sachen wissen wie: Gibt es ein Leben nach dem Tod? Oder: Was ist der Sinn des Lebens? Oder: Woher kommen wir? Hatte der Meister ausgelacht, schickte er mich weg. Irgendwann begriff ich, dass auf absurde Fragen nur absurde Antworten passten. Oder eben Gelächter.

Roshis Interpretation von Zen, so erklärte er mir beim Abschied, war knallhart modern: Keine Spekulationen, kein Gerede von der Erleuchtung, kein Sinnieren über die eher bizarre Idee der Wiedergeburt, nein, sein Zen war die Gegenwart, die größte Herausforderung für ein Menschenleben. »Alles, was du jetzt tust, ist deine Zukunft.« (Dass sein Satz heute – angesichts der Klimakatastrophe – noch eine ganz andere Bedeutung gewinnt, sei nur am Rande erwähnt.) Alle Ahnungen, alles metaphysische Deuteln über das Woher und das Wohin des Menschengeschlechts hielt er für »moonshine talk«, für Anmaßung von Leuten, die eifrig und unbelehrbar nachplappern, was andere vorher gemutmaßt und geraunt haben.

So eine spirituelle Heimat gefiel mir, sie war unsentimental und melancholisch, frei von Vergötzung. Und voller Ironie. Nie sah ich den Roshi mit dieser typischen Visage des Ergriffenen, der sich in höheren Sphären wähnte. Er tat genau das, was er uns ans Herz legte: »Just stay fucking normal.«

Nie musste ich hier auf die Knie, und die Achtung vor mir selbst blieb intakt. Natürlich bin ich kein Buddhist geworden, aber seine drei Lieblingsideen – Disziplin, Eigenverantwortung, Mitgefühl – werden mich begleiten. Sie sind ein anstrengendes Ziel.

Auf dem Weg zum Tor, zum Abschied, gab mir der Roshi einen Zettel. Er lächelte sanft. Ich bewunderte ihn, bis zuletzt. Im Zug nach Tokyo las ich: »Das Wort ›Bestimmtheit‹ setzt sich in der japanischen Schrift aus zwei Zeichen zusammen, die ›wütend sein‹ und ›Sehnsucht‹ bedeuten. Es handelt sich um keine Wut gegen eine andere Person, sondern gegen sich, gegen die eigene Schwäche und Unreife. So benutzt man den Zorn wie eine Peitsche. Um zu wachsen, um die Sehnsucht voranzutreiben. So entsteht Bestimmtheit.«

Scheue Liebeswellen fluteten zu meinem Lehrer, zu Imamura-San. Er hatte mich verstanden. Inniger hätte er seine Umsicht nicht ausdrücken können.

Das Glück des Augenblicks: Mexico City

Als ich in die mexikanische Hauptstadt umzog, wohnte ich die ersten Wochen bei Tony und Ed. Zwei amerikanische Superschwule, denen man blind und gehörlos anmerkte, dass sie ineinander verknallt waren. Sie vermieteten Zimmer und mich mochten sie auch – als pflegeleichten Mieter. Sie benahmen sich wundersam vertütelt, verstanden ihr Haus als Depot für den täglich eingekauften Klimbim, mit dem sie sich umzingelten, stickten ihre Initialen auf ihre Slips, strickten rosa Wollgirlanden um Kloschüssel und Badewanne, lebten ungeniert ignorant und Sitcom-versessen und rannten sonntags in die Kirche, um sich vom zuständigen Pfaffen von der Kanzel herab verkünden zu lassen, dass Homosexuelle Todsünder seien und eines baldigen Tages ausweglos in der Hölle landeten.

Als ich sie fragte, warum sie beharrlich einen Ort aufsuchten, wo sie verachtet würden, antworteten sie selig: »Aber der Heiland liebt uns.« Als ich nachhakte und meinte, dass sie doch dann auf den »Gottesdienst« verzichten könnten, wenn ihnen die Liebe des Herrn gewiss sei, kam es noch himmelblöder: »Nein, blieben wir weg, liebte er uns nicht mehr.«

Ich fuhr täglich mit der Metro – und mit mir die zwanzig Millionen Einwohner der Stadt – zum »Centro Cultural Mexicano Norteamericano«, an dem die Einheimischen Englisch und wir Gringos – jeder, auch jeder Nicht-Ami wurde dafür gehalten – Spanisch lernten. Großartige Schule, denn viele mexikanische Frauen, schön und blühend, hatten sich eingeschrieben. Und waren keineswegs abgeneigt, den Sprachunterricht außerhalb des Unterrichts – sagen wir abends, ja, nachts – fortzusetzen. Parlieren und schmusen, weiß einer sinnlichere Tätigkeiten, um sein Wissen in fremde Kulturen zu vertiefen?

Heimat ist immer da, wo Frauen leben und ihre Nähe verschenken. Ich habe bis heute nichts entdeckt, was mich inniger mit heimatlicher Ferne verbindet als sie.

An diesem Apriltag gab es in meiner Klasse ein Examen, um auf das nächsthöhere Niveau aufrücken zu können. Señora Glorietta, unsere so geduldige Lehrerin, bat mich – ich hatte die Prüfung schon bestanden – nach vorne, um an die Tafel die Fragen zu schreiben. Die dann von jedem blitzschnell und schriftlich beantwortet werden sollten. Aber es kam nicht dazu. Nachdem ich die ersten Wörter hingeschrieben hatte, fing ich zu taumeln an, ich dachte, okay, mein erster Schlaganfall. Als ich mich umdrehte, um irgendwo Halt zu finden, sah ich, wie sich alle mit einem frenetischen Ruck erhoben und Richtung Tür stoben. Verstanden: Erdbeben! Nicht ich wackelte, sondern Mexico City. In rasendem Tempo die drei Stockwerke hinunter, aus allen Zimmern strömten Menschen in Panik, raus aus der Schule, über den schmalen Hof stürmen und hinaus auf die Calle Hamburgo. Nur weg von jedem Gebäude.

Draußen auf der Straße sah ich Ariseli, die hier am College einen Englischkurs belegt hatte. Wie beruhigend, sie wohlbehalten zu wissen. Die letzte Nacht hatte ich bei ihr verbracht. (Stets auf der Flucht vor Eds und Tonys Puppenheim.) Für eine Umarmung war jetzt jedoch keine Zeit. Die Erde bebte noch immer, und wir alle, auch alle anderen, die aus ihren Häusern gestürzt waren, blickten um sich: von der Angst getrieben, dass irgendwo eine Wand einstürzte, ein Dach nach unten donnerte, Lichtmasten umknickten. Ein paar warfen sich auf die Knie und beteten laut, fast schreiend, zur »Santa Virgen de la Guadelupe«, wie von Sinnen um Gnade und Beistand bittend.

Dann endete der Untergang – 7,1 auf der Richterskala – plötzlich, kein Nachzittern, nichts, nur für Sekunden wundersame Stille. Wohl die Stille jener, die noch nicht fassten, dass sie davongekommen waren. Dann platzte sie, und die Münder öffneten sich und hörten nicht auf zu reden. Wirr, wild durcheinander, alle zur gleichen Zeit.

Ariseli und ich nahmen uns bei der Hand. Und lächelten scheu. Ariseli, die standhafte Katholikin, konnte nicht anders und meinte: »Siehst du, das war die Strafe, weil wir miteinander schlafen.« Was für ein aberwitziger Satz, der unbedingt eine Antwort verdient hatte: »Aber nein, der Himmel hat uns dafür belohnt, wir leben doch!«

Einer der letzten Orte, an denen ich zu Hause sein wollte, ist die mexikanische Hauptstadt, dieses Monstrum, dieses Epizentrum aller sieben Todsünden der Menschheit. Indes: Ein Ort, der dir diesen düsteren Thrill namens Todesangst schickt und dich kurz danach unheimliche Dankbarkeit spüren lässt, der brennt bis ans Ende aller Tage in deinem Kopf.

Die folgenden Jahre bin ich als Reporter mehrmals dorthin zurückgekehrt. Und wurde stets beschenkt. Mit Geschichten, mit Nähe, mit delikaten Situationen. Trotzdem, eine Heimat wurde nie daraus. Warum? Ich weiß es nicht. Zu monströs? Zu unbegreifbar? Zu maßlos? Heimat muss irgendwo fassbar sein, irgendwo zugänglich, irgendwie dafür sorgen, dass man andocken kann. Doch mein Herz war zu klein für diesen Koloss. Auch gelang mir keine Liebelei, die dauerte. Vielleicht hätte mich die Sehnsucht einer Frau zu heimatlichen Gefühlen verführt. Alleskönner Goethe meinte einmal, dass »durch die Liebe ein Raum zu einem Ort« wird. Aber die war nicht, hielt nicht. »Nah-Welt« sagen die Soziologen zur Heimat. Hier zerbrach sie, immer wieder, ging unter im Schlund der Millionen.

KÖRPER

Kennt jemand eine intimere, eine lebenslänglichere Heimat als seinen Körper? Ist doch dem Menschen nichts so sinnlich und so unvermeidlich bewusst wie der eigene Leib. Ein ganzes Leben muss er halten, muss durch alle Wetter, durch jede Laune, durch jedes Jahr. Und so viele Hände – zärtliche, unbegabte, heilende, peinigende – fassen ihn an. Und so viele Freuden erwarten ihn, so viele Anwürfe, so viele Ekstasen und so viel Jammer.

Er ist uns näher als alles, was sich außerhalb von ihm befindet: das Land, der Staat, die Familie, die vier Wände, das Bankkonto, unsere Träume. Mehr Nähe als die zu ihm geht nicht.

Wer damit umzugehen weiß und verstanden hat, dass er sich nie von ihm lossagen oder von dort ausziehen, nie ihn tauschen, nie ihn recyceln kann: Der wird ihn als einmaliges Geschenk begreifen. Und einsehen, dass keine Heimat so auf Umsicht pocht wie er: Ihn nähren – knapp 80 000 Mal. Ihn waschen – fast 60 000 Mal. Ihn bewahren vor den Verheerungen des Alters – mit dreißig beginnt der Rückflug. Und ihn Aberdutzende Male zum Doktor schleppen, ihn mit Medikamenten abfüllen, zwischendurch Karambolagen überleben, bewusstlos in Operationssälen harren, in Krankenhausbetten Nervenkrisen durchstehen, Liebesentzug verkraften, Verlassenheit aushalten, in schlaflosen Nächten daliegen und das Schweigen seines einsamen Geschlechts hören.

Doch dann, in den anderen Stunden des Lebens, läuft der Körper zur Höchstform auf, da sprudelt er, rennt los, spürt alles von Kopf bis Fuß, umarmt und liebt, seufzt vor Glück, weint vor Glück, begreift Liebe und Bejahung, liest ein Rilke-Gedicht und hält still vor Ergriffenheit, schwimmt den Meereswellen entgegen, sitzt da und meditiert, legt einen Veitstanz der Freude hin, fühlt den Überschwang.

Und so schwört der Mensch wieder einmal, dass er sich um diesen geheimnisvollen Teil – seinen Körper – kümmern wird. Immerhin ein Wunderding, das ihm grandiose Sensationen schenkt. Ist der Eigentümer klug, so wird er seinen Schwur einlösen, sein Eigentum pflegen, es fordern. Und er wird es auf lässige Art lieben. Ohne Körperwahn, ohne Selfie-Hysterie, ohne Instagram-Exhibitionismus, ohne Ich-Sucht.

Und er wird sein Hirn nicht als Gegner des Körpers empfinden, sondern als Mitstreiter. Denn keiner von ihnen ist ein Jota weniger wert, weniger weise. Kein halber Gedanke entsteht ohne Mithilfe des Körpers, und kein Zeigefinger rührt sich ohne das Zutun des Gehirns. Wer sie gegeneinander ausspielt, wer tatsächlich glaubt, der eine sei wertvoller, ja, »wichtiger« als der andere, der muss nachsitzen und sich eines Besseren belehren lassen.

Man trenne die zwei, und sie verenden. Unausweichlich. In jeder Sekunde braucht einer den anderen. Löblich folglich, wenn man sich um beide sorgt: den Körper und das

Köpfchen. Das Leben geht freundlicher mit einem um, wenn ein gut aussehendes Hirn auf einer eleganten Figur sitzt.

Hier eine Episode, die etwas änderte in meinem Denken. Ich war mit einem Freund auf dem Weg zur Schule. Zu zweit auf einem Tretroller, ich lenkte, Herbert stand hinter mir. Es ging leicht bergab, als von rechts ein Auto kam. Ich bremste so abrupt mit einem Absatz, dass wir umfielen. Immerhin rechtzeitig, bevor wir unter die Räder gerieten. Ein schwacher Trost, denn Herbert stürzte so widrig, dass er sich den linken Unterarm brach, während ich mit Schürfwunden davonkam. Jemand rief den Krankenwagen, Herbert wurde operiert und geheilt. Und der künftige Umgang mit mir verboten. Mein Alter brüllte. Aber das war nicht neu.

Das schon: Ich vermute, dass ich damals – als Elfjähriger – meinen Körper entdeckte. Ich schrieb Herberts Malheur in mein Tagebuch mit dem erstaunlichen Resümee: »Fühle mich gut.« Ich war froh und ein bisschen stolz, dass ich den Unfall glimpflich überstanden hatte. Glück, gewiss, doch ich war auch behände, hatte mich blitzschnell abgestützt, um den Aufprall abzufedern. Herbert nicht, er war behäbig und plumpste wie ein Steinbrocken auf den Asphalt.

Nein, entdecken klingt zu pompös, eher ahnte ich zum ersten Mal, dass ein geschmeidiger Körper die Wirklichkeit erleichtert. Seitdem habe ich ihn nicht mehr aus den Augen gelassen. Ich schloss einen Freundschaftsvertrag mit ihm, mit der Klausel »ewige Treue«. Freundschaft als Zeichen von Achtung. Ihm gegenüber, der mich jeden Tag wird aushalten müssen, 24 Stunden, jahrzehntelang.

Mir gefiel das Pathos. Es war die Zeit meiner Herkules-Filme. Der war auch treu und stark. Dabei sah ich aus wie ein Hungerleider, mit Knochen, die aus jeder Ecke meines Skeletts stachen. Mit bloßer Haut und notdürftig mit Fleisch überzogen. Scheußlicher noch, ich kam in die Pubertät, und das Gerippe wurde immer länger und der Rest immer weniger. Meinen Anblick empfand ich nun als Peinlichkeit. Ich begann heimlich mit Bodybuilding, denn in der Schule riefen sie mir inzwischen zu, doch ja den Besen zum Baden mitzunehmen. Wozu? »Um dich dahinter umzuziehen!«

So kam die zweite Ahnung, durchaus rabiater: Ein Körper konnte hässlich sein, das unausweichliche Ziel von Gespött. Diese Einsicht kam rapide, innerhalb von ein paar Monaten wurde »er« sichtbar. Jetzt sah ich ihn, und andere sahen ihn auch. Und uns allen gefiel nicht, was sich da vor ihnen bewegte. Heute würde man das Mobbing nennen, damals hieß es Lästern.

Ein zwiespältiges Verhältnis trieb mich nun um. Mein Leib war gelenkig, als langer Kerl stand ich immer im Tor und musste oft vorturnen. Zudem war ich einer der Schnellsten. Doch gleichzeitig geschah alles mit dem Bewusstsein, dass hier ein unansehnliches »Gestell« – noch ein Kosename – unterwegs war. Drei meiner Schulkameraden besaßen Oberkörper wie Halbgötter, verstohlen und penetrant starrte ich sie an. Ohne erotischen Drang, nur Neid auf sie. Nur Wut auf mich.

Mir fehlte von Anfang an jede Begabung, mir das Unschöne herrlich zu reden. Vielleicht war ich verdorben von meiner Mutter, die mir Fotos zeigte, auf denen sie noch jung und sonnendurchflutet war, noch nicht geschunden vom Unglück ihres Lebens. Vielleicht lag es an Sonja, meiner ersten Freundin. Vielleicht lag es am Griechischunterricht des humanistischen Gymnasiums, das ich besuchte. Die antiken Griechen waren besessen von dem Streben nach Ebenmaß, ich sah die Statuen von Myron, seine Athleten, die vollkommener nicht hätten sein können. Und ich hörte zum ersten Mal das so fremde Wort: »Kalokagathia«, das sich aus »schön« und »gut« zusammensetzt. Das ultimative Ideal der damaligen Zeit, körperlich bewundernswert und geistig vortrefflich zu sein. Sogar Sokrates erwähnte es.

Wie absurd, ich war weder prachtvoll gebaut noch von überraschenden Geisteskräften. Aber dieses Ziel war überwältigend. Ich träumte, dass mein ganzes Leben in sagenhaften Höhen landen würde, wenn ich dort, bei diesem Idealbild, ankäme.

Die Realität war eine andere, nur ein paar Jahre danach werde ich bei Baudelaire den Satz lesen, der so genau passte: »Herr, gib mir die Kraft und den Mut, mein Herz und meinen Körper ohne Ekel zu betrachten.« Nur, dass ich da schon nicht mehr an den Herrgott glaubte, der Mut somit von woandersher kommen musste.

Viele haben Glück, und ihr Körper – von kleineren Debakeln abgesehen – steht ihnen bei. Gesegnet mit bravourösen Genen. Bis ans Ende. Andere müssen bangen. Wie ich. Und kämpfen. Was sich dramatisch anhört. Und was es ist. Und entschieden an Drama verliert, wenn man ein wunderlich diskretes Gut besitzt: Disziplin. Nur die selbst auferlegte. Vom Gehorsam anderen gegenüber wird hier nicht die Rede sein.

Disziplin ist ein Pfeiler des Glücks.

Mein Körper, meine Heimat. Der Merkvers gilt für jeden. Das Kapitel soll anspornen, viele. Und mich. Disziplin ist eine unbedingte, so anspruchsvolle Eigenschaft. Sie muss trainiert werden, beharrlich. Das fängt morgens mit dem kalt – im Winter eiskalt – Duschen an. Irgendwann tut man es, ohne Zaudern und ohne ein einziges Wort Ausrede.

Disziplin ist ein Hirnmuskel, der sich im Alltag bewähren muss. Nur am Sonntag schwitzen zählt nicht. Er wächst – bis er einem gehorcht, bis Hirn und Körper wunderbar miteinander einverstanden sind. Bedenkt man, dass der Körper von der Stunde null bis zum letzten Hauch die Hauptrolle in unserem Dasein spielt, so scheint jeder Schweißtropfen intelligent investiert zu sein.

Stumpfsinn hat es leicht, wie der Ranz, sie kommen von allein, sie benötigen keine Hilfe. Ohne je außer Atem zu geraten, kann man plumpsig und schmuddelig, impotent und zahnfaulig, schnapsverseucht und geruchsstark werden und sich hundert weitere Zumutungen zulegen. Dazu braucht es nicht einmal eine Krankheit. Die Jahre der Gleichgültigkeit genügen.

Disziplin ist Selbstermächtigung und belohnt zweifach: Der Körper verhunzt nicht, und nach jedem »Sieg« über das rastlose Gesetz der Schwerkraft schwirren die Glückshormone. Ein Gefühl, ja, ein kleiner Rausch von »Mein Leben gehört mir« breitet sich aus. Das mag eine Illusion sein, da es noch andere Kräfte gibt, die bei unserem »Schicksal« mitreden. Aber Disziplin ist eine Firewall, die uns vor den penetrantesten Todsünden – Stichwort: Zu viel ist nicht genug! – bewahrt, mich allemal: beim Fressen, beim Saufen, beim Gieren und Raffen, beim Horten von maßlosem Klimbim. Denn das Höllenwort »Wachstum« als selig machendes Mantra treibt uns – alle Nachrichten deuten in dieselbe Richtung – in den Abgrund. Ein Friedensvertrag mit der Erde? Was für eine anrüchige Idee.

Sorry, ich kam vom Thema ab, doch der Hinweis musste sein: Disziplin kann überall aushelfen, selbst beim Einzäunen von Habsucht. Meine Reifeprüfung absolvierte ich in einem Zenkloster, in Kyoto. Ob ich sie bestanden habe, weiß ich nicht, aber ich kam hinterher nie in Versuchung, mich mit Schrott zu umzingeln.

Zuletzt, und das sei noch als Nebengedanke erlaubt: Schreiben macht genügsam. Kreativ mit 27 Buchstaben spielen, das ist eine Belohnung ohne Namen. »When a piece of writing catches fire«, wie Nobelpreisträger V. S. Naipaul notierte, *wenn man spürt, dass ein Text Feuer fängt*, »then I live completely.« Ist das nicht ein Menschentraum, dieser Flow, in dessen Mitte nichts, absolut nichts anderes sein soll als das, was gerade ist. Weil man so ausschließlich am Leben ist.

Nein, ich bin nicht von der Spur abgekommen. So ein Schweben erreicht eher einen Körper, der »fließt«, in dem nichts stockt, ja, der durchlässig ist für diesen einmaligen Zauber. Ich kann nur arbeiten, wenn er ohne mein Zutun funktioniert, wenn er »pariert« und durch nichts, kein Greinen und Schluchzen, belästigt. Das sind die Zeiten, in denen ich mich in vollkommener Stille in meinem Kopf aufhalte. Und nach Sprache suche. Je schweigsamer der Körper, desto zügiger komme ich an sein Unbewusstes. Dort liegen die Schätze.

Und, zur gefälligen Erinnerung: Schreiben ist ein hundsgemein anstrengender Zeitvertreib. Ein Buch stemmen fällt unter Schwerarbeit. Viele Schriftsteller waren zähe Hunde, viele nicht und endeten als Wrack. Mein Held ist ein berühmter Franzose, Gilbert Prouteau. Mit 95 gestorben, nachdem er Poet, Romancier, Filmemacher (u. a. mit Jean-Paul Belmondo gedreht) und – einzigartig – ein Athlet war: Zweitbester bei den nationalen Meisterschaften im Dreisprung und 1948 bei den Olympischen Spielen in London – unfassbar – Bronzemedaillen-Gewinner in der Sparte »Lyrik« (!). Aber ja, das gab es damals. Wohl wehmütiges Andenken an die alten Griechen und ihr Ideal der Kalokagathia. Oder wie es Pierre de Coubertin formulierte, der Pädagoge und Erneuerer der olympischen Idee: »Einheit von Körper und Geist«.

Ob ein solches Leitmotiv noch umgeht in modernen Zeiten? Hört man heute Spitzensportlern zu, dann stellt sich die Frage, ob man eine weitere halbe Minute durchhält. Kürzlich gehörte Kostprobe eines Pariser Fußballsuperprofis: »Äh, ja, wir müssen garantiert Tore schießen.«

Ich bin meinem Körper treu geblieben und er mir. Er hat so vieles weggesteckt, einen Totschlagsversuch, eine Darmvergiftung, die Prügel meines Vaters, die der Lehrer und Religionslehrer, die sieben Verkehrsunfälle (ich war mal Taxifahrer), die Blaulichtfahrten und zehn Vollnarkosen, die zwei Spinalanästhesien, die Schmerzen der Rehabilitation (auch jetzt, während ich das Buch schreibe: ein letztes Souvenir an einen Fahrerflüchtigen), die endlosen Fußwanderungen (einmal musste ich wegen abgelöster Fußsohle ins Krankenhaus), die beiden gewalttätigen Überfälle in Afrika, die Stürze mit oder ohne Fahrrad, die verbogenen Glieder, das Denguefieber, die Krätze, die drei Malariaattacken, die Drogen, das Cold-Turkey-Zittern, die hundert Schachteln voller Tilidin-Tabletten (Opioid-Peinvernichter), die seit einem knappen Jahrzehnt meinen Rücken besänftigen, die zahllosen Spritzen in fast alle Stellen der zwei Quadratmeter Haut, von der Schädeldecke über die Augen, den Mund bis in den rechten Fuß, ja, selbst in den Penis, uff, ich darf behaupten, ich war dabei.

Was bleibt? Dankbarkeit für den Körper, das hieße: ihn schinden, um ihn für die anstrengenden Zeiten vorzubereiten. Knochen und Muskeln mit Kraftmaschinen quälen, damit sie nicht verkümmern. Hinterher Yoga, abschließend Meditation. Das wäre eine Stunde. Wenn möglich von Tag zu Tag.

In der Zwischenzeit ihn achten, nicht ihn vollladen: um den Frust zu ersticken. Nicht mit Alkohol vergiften: um eine Depression wegzusaufen. Kein Koks sniffen: wenn nicht in bester Laune.

Sich nicht abhängig machen.

Wie leicht sich das hinschreibt. Natürlich kommen die *cheat days*. Sie sind notwendig, um zu entschärfen. An jedem Tag eisenhart durchs Leben gehen macht glanzlos, auch unsexy. Über die (missverstandenen) Freuden der Disziplin wird einer zum bleichwangigen Gesundheitsterroristen. Lieber nicht. Der Mensch muss nonchalant bleiben, man darf ihm die Mühsal nicht ansehen. Eher die Leichtigkeit.

Dennoch, ich mag mich, wenn ich stark bin, wenn ich mein Wort halte und meine Sehnsüchte durchziehe, meine Vorsätze, meine Versprechen – auch anderen gegenüber. Und nicht flügellahm in die nächste Komfortzone abbiege und mich und meine Nächsten verrate.

Ich will sehen, wie mein Körper mit der Provokation umgeht, was ihm einfällt, um damit fertigzuwerden. Er kann so wissend sein, weiß Auswege, die mein Verstand nie finden würde.

Ganz und ganz wahr: Ich wäre nicht ohne *baraka* davongekommen, ohne die passenden Gene, ohne Chancen, ohne einen wohlgesinnten Stern. Der ein Geschenk ist und nie ein Verdienst. Und doch: Mein Körper hätte es nicht bis hierher geschafft, wenn ich ihn nicht gewappnet hätte. Man nenne es Willensstärke, Eitelkeit, Voraussicht, egal wie.

Ach ja, das Spindeldürre meiner Jugend verschwand, und Muskeln tauchten auf. Und blieben. Da mich ein schwacher Charakter plagt, bin ich außerstande, mir die Bemerkung zu versagen, dass die drei Halbgötter aus meiner Gymnasialzeit sich inzwischen mit schwer überhängenden Ranzen der Welt präsentieren.

»Preppers« bereiten sich – siehe: prepare – auf kleinere oder größere Weltuntergänge vor und stopfen ihre Speisekammern, Speicher, Keller und Garagen mit Lebensmitteln et cetera voll, um für den Tag X gerüstet zu sein. Ich bin auch ein Prepper, nur ohne hundert Tonnen Gepäck, nur mit 77 Kilo Körper. Jeder will überleben – gemäß seiner Methode.

Willenlosigkeit ist eine Anleitung zum Unglücklichsein. Ich kenne nicht wenige, die darunter leiden. Die Unbelehrbarsten unter ihnen posaunen ihre Absichten vorher in die verschiedensten Himmelsrichtungen. Sie blamieren sich gern vor aller Augen, denn vom Wollen bleibt rasch nichts als das vorlaute Gerede. Ich habe unendlich viel Zeit gebraucht, um zu begreifen, dass das Reden ihr Trick ist. Um das Handeln zu verhindern und lausige Ausflüchte zu erfinden. Vielleicht sollten sie auf ihre Ankündigungstiraden verzichten und mit der gesparten Energie anfangen zu tun.

Auch das habe ich in den acht Monaten Zen in Japan verinnerlicht: keine Sündenböcke suchen, nie die Verantwortung für seine Worte und Taten abgeben.

Konkret: Merkt der Körper, dass sein Besitzer ihn verrät, ihm die Zuneigung entzieht, so werden die vergnüglichen Momente weniger. Das ist wie in einer Beziehung zwischen Frau und Mann. Wird dem einen klar, dass der andere zu faulenzen beginnt, sich nicht mehr aufschwingen will zu Neugierde und Begeisterung, so legt sich der Swing, und die mürben Tage nehmen ihren Lauf.

Beharrlichkeit zählt, nicht die bombastischen Vorsätze. Hier wie dort.

Es erstaunt, wie viele mit ihrem Körper, ihrer allernächsten, allerintimsten Heimat umgehen, ja, umspringen. Ein Großteil der Bewohner der industrialisierten Länder ist bereits dick, ein Drittel mordsdick. Ihr Körper als Feind, dem sie täglich den Krieg erklären: bis das Herz rast, bis die Gelenke ächzen, bis der Body sie bei jedem Schritt an ihre Leibsünden erinnert. Einzig weltliche, für die sie nirgends anders büßen als auf Erden. Zu Lebzeiten.

Warum tut der Mensch das? Ich habe keine Ahnung. Vielleicht rumort ein Schmerz in ihm, der (kurzfristig) aufhört, sobald er ihn unter einem schonungslosen Kalorienhagel zum Schweigen bringt. Der Speck als Panzer? Vielleicht die ganz banale Trägheit, die seelenruhig der eigenen Verwahrlosung zuschaut.

Jetzt muss ich von meinem deutschen Helden erzählen, von Andreas Pröve. Von ihm könnte man lernen, wenn es um Stärke, um Vehemenz geht, mit der er ein Desaster in sein zweites Leben verwandelte.

Pröve, einst cooler Schreinergeselle, flog mit 23 auf seiner Yamaha RD 350 – ein Feuerstuhl – aus der Kurve. Und blieb querschnittsgelähmt liegen. Das hatte Folgen, das Motorrad wurde verkauft, die Wohnung aufgelöst, die Tischlerei hörte auf. Und acht Monate lang kam er nicht aus dem Krankenhaus.

Die erste Zeit verschwand er in schreckenstiefen Depressionen, dann passierte der Bruch mit der Vergangenheit. Und die Entscheidung, sich eine radikal andere Zukunft auszudenken, in der er – wie aberwitzig – auf Weltreisender umsattelt. Und fotografiert und schreibt.

Und er macht genau das, fegt bald mit dem Rollstuhl über die Kontinente, kommt zurück, notiert seine Gedanken und Hintergedanken, seine Ernüchterungen und Jubelschreie, seine so speziellen Herausforderungen und seine so verblüffenden Antworten, seine Fassungslosigkeit und sein wunderliches Glück, reisen zu dürfen und – beinahe unheimlich – dafür bezahlt zu werden. Inzwischen sind seine Lesungen ausverkauft, und sechs Bücher, randvoll mit Leben, liegen vor.

Wie viele haben ein Paar mustergültiger Beine und gebrauchen sie zu nichts anderem, als damit durch ein müdes Dasein zu trotten. Pröve nicht, er zeigt uns, dass man mit einem halben Körper Bewunderung, ja, Enthusiasmus auslösen kann. Ich mag Vorbilder. Er ist eins. Wucht geht von ihm aus, diese Unbedingtheit.

Und etwas Männliches, Viriles, im besten Sinn des Wortes. Kein Säusler wimmert hier, kein dösiger Buchhalter, der uns die Boshaftigkeit der Welt vorrechnet, keine Schmerzensmutter aus Fernwest auf Betroffenheitstour durch das Elend der Menschheit, kein politisch-korrekter Einfaltspinsel, der nur an edlen Damen und Herren vorbeizieht. Pröve berichtet auch von den Hundesöhnen, die vom Hundeleben anderer profitieren. Er schaut hin, einmal empathisch, einmal unerbittlich.

Er ist immer da, wo er gerade ist. Das ist ziemlich Zen. Und er schont niemanden, sich am wenigsten. Er besitzt einen Körper, der es mit seinem Willen aufnimmt. Und einen Geist, der das alles in begabte Sprache übersetzt. Beruf: Reporter. Besonderes Kennzeichen: Leidenschaft.

Noch ein letzter Gedanke. Vorsicht bitte, denn Sprengstoff lauert in ihm: die Schönheit des menschlichen Körpers. Die meisten – die Mehrheit hat diesmal recht – wissen, dass Cindy Crawford nackt oder nicht nackt umwerfender (milde formuliert) aussieht als Cindy aus Marzahn mit oder ohne pinkfarbenem Jogginganzug. Das ist ein Kalauer, aber so bildreich und einleuchtend.

Und selbstverständlich stimmt es andersherum genauso: So manche (männliche) Krone der Schöpfung betrachtet man lieber rundum eingekleidet als nackend und bloß in der Sauna.

Andere sehen das anders. So haben sie die »Body Positivity« erfunden, das ist eine unglaublich komische Erfindung, die auf zwei Voraussetzungen auf keinen Fall verzichten will: die Verweigerung der Wirklichkeit und das unbedingte Bekenntnis zum Scheinheilig-tun.

Zuerst eine kleine Geschichte. Als ich in New York lebte, hatte ich eine Freundin, die als Ernährungsberaterin ihr Geld verdiente. Endlos viel Arbeit lag an. Eines Tages erzählte sie mir von einer Diät, die gerade en vogue war, »the nude diet«, die Nackt-Diät. Die ging so: Wer immer denkt, dass er mit zu viel Masse sich bewegt, geht eines Morgens ins Badezimmer, verschließt die Tür, legt ab und stellt sich splitterfasernackt vor den (großen) Spiegel. Jetzt kommt die erste Mutprobe, denn man muss den gnadenlosen Blick aufs eigene Fleisch aushalten und laut und deutlich sagen (Lilian, die Gertenschlanke, macht es vor): »Fuck, I am fat like hell!«

Bei allem Puritanismus haben Amerikaner auch eine erfrischend klare Wortwahl.

Nun, der nächste Schritt: Man blickt auf die Verwüstung und nimmt sich vor, dagegen anzutreten. Dafür wäre zuerst eine Liebeserklärung an den Körper fällig. Eben nicht sich einzubilden, hurra, ich liebe ihn, so wie er sich vor mir aufbläht, sondern der feste Wille, ihn aus seiner Drangsal zu erlösen.

Dann konkret reagieren: die Ernährung umstellen und sich im Fitnessstudio anmelden. Die Ausrede, das kostet, darf nicht gelten. Rege sich zuschaufeln kostet mehr. Von den Nebenkosten, die ein von schwerem Übergepäck befrachteter Body verursacht, nicht zu reden.

Todsicher, es verlangt Disziplin, Stamina, den unbeirrbaren Atem. Und die Beherztheit, nein zu tausend Versuchungen zu sagen. YouTube ist voll von Geschichten von Frauen und Männern, die an ihr Ziel kamen. Ich schau mir das an, ich mag bewundern.

Keiner predigt hier Miss-World-Figuren, keiner muskelpervertierte Mister-Universum-Panzerschränke. Ich lege nur ein Wort ein für Formen, die ein agiles Körpergefühl verschaffen, so der Inhaber des Körpers wendig und flink bleibt, er ihn als Freund und Helfer wahrnimmt, nicht als Kummerkasten, nicht als Problemzone, der er vierzig, fünfzig Jahre lang zu jeder denkbaren Heimsuchung verhalf.

Zurück zum Spiegel, denn die Nackt-Diät ist tückisch. Laut Lilian kann der Anblick so erschrecken, dass man jede

Hoffnung fahren lässt und sich verloren wie ein Ertrinkender im Pazifik fühlt und – aufgibt. Aufhört zu schwimmen, zu rufen, zu kämpfen. *The point of no return* ist erreicht, und man ersäuft in den Fluten. Oder im Fett. Und muss sich jeden Tag – für den Rest seines Lebens – eingestehen, dass man seinem Körper, diesem so unbegreiflich großzügigen, so oft verzeihenden, diesem tausendfach wunderlichen Werkzeug die Treue gekündigt hat.

Die *nude diet* lädt zu den unterschiedlichsten Reaktionen ein. Sie reizt auch jene, die so begabt sind in der Kunst, sich selbst etwas einzutrichtern. Die uns verzweifelt wissen lassen, dass auch 150 Kilo bei 150 Zentimeter Größe der Inbegriff namenloser Harmonie sind. Und die Verzweifelten tanzen anschließend – ebenfalls auf YouTube als Vermächtnis für kommende Generationen einsehbar – als Hundert-Frauen-Bataillon schwerst Beladener im Minibikini unter freiem Himmel an, stöckeln einzeln nach vorne, um – kolossal tapfer – der Welt zu verkünden, dass sie das Glück kaum aushalten, sich so schwabbelig, so quabbelig und so wabbelig all den Armen im Geiste zu präsentieren: die einfach nicht runterkommen vom herrisch verkündeten Schönheitsdiktat, das schon wieder die hundsgemeine Gesellschaft, der schändliche Kapitalismus und – unvermeidlich – die garstig-geilen Männer zu verantworten haben.

Ich gebe zu, ich schaue nicht ohne Vergnügen hin. Es lehrt auf so witzig brutale Art, zu welchen Höchstleistungen die menschliche Seele fähig ist, um die Realität auszuknipsen. Und zu welch fantastischen Hochzeiten der Scheinheiligkeit sie all jene verführt, die den Schwergewichten zujubeln und sie mit Daumen hoch und mit »megageil« und »beispielgebend« und »supersupersuper« überschütten. Dabei nicht einmal ahnen, dass sie keine fünf Sekunden so am Leben sein wollten wie die angeblich so Überglücklichen.

Die dann – zu Hause im stillen Kämmerlein – wieder wissen, wie sich ihr Leib tatsächlich anfühlt: allein und verlassen vom Glücksrausch, angezettelt von der (»sozialen«) Medienhysterie.

Drehen wir fairerweise das Beispiel um, denn hier schreibt ein Mann: Wir fangen die ausuferndsten Herren Mitteleuropas ein, wenn möglich noch rundherum haarig à la Gorilla, ziehen ihnen jedes Teil aus, nur den Minislip dürfen sie behalten. Und stellen sie – sagen wir, vor dem Brandenburger Tor – auf, haben bereits alle eingeladen, das Volk, die Fotografen und sicher den Body-Positivity-Clan. Und mit Ali, dem Ersten im Alphabet, geht es los, lassen ihn nach vorne wanken und bitten ihn, sein schier unaussprechliches Wohlgefühl in den Himmel zu schreien. Und er schreit es, skandalös gut gelaunt ob seiner wild wuchernden Fettwülste. Dann kugelt sich Bertold ins Rampenlicht, irgendwann keucht Ken selig strahlend näher, und als Schlusslicht – das kann dauern – eiert Zacharias in den Glückstaumel.

Ob wir nach der Vorführung eine Einzige finden, die ihr Entzücken nicht mehr zurückhalten will und den Tausendzentnern ihre Liebesherzen zuwirft, umgehend die gemachten Bilder im World Wide Web hochlädt und – erfüllt von so viel Sicht auf die Herrlichsten unter der Sonne – sie wissen lässt: »Bleibt so, ihr seid wunderschön!«?

Wir werden sie nicht finden. Denn Frauen machen sich ähnlich oft und ausführlich über die tonnendicken, außer Rand und Band Geratenen lustig. Wie wir Männer. »Bemängeln« ist keine männliche Vokabel, sie gehört uns allen. Mit Recht. Denn auf den Terror des wohlfeilen Heuchelns sollten wir verzichten. Er ist die reine Lüge.

Vielleicht muss ich das nochmals betonen: Ein wenig stänkern darf sein, Verachtung eher nicht. Das Kapitel KÖRPER ist keine Kampfschrift, es ist ein Werbetext, ein Weckruf, eine Propagandaschrift. Um jene anzufeuern, die freiwillig und träge ihren Leib ruiniert haben. Der Text soll sie anstacheln (sie dürfen mich ruhig dafür hassen), soll sie sanft peitschen, damit sie ihre infantile Opferrolle aufgeben. Und loslegen.

Ist es nicht eine Freude, wenn man eine ältere Dame durch die Stadt flanieren sieht, die nicht als kugelrunde Bombe vorbeirollt, sondern als jemand, der – eine ganze Zeit lang schon – »auf sich schaut«? Oder einen gepflegten Senior, dessen Hosenbund sportlich sitzt und der nicht als Fettlawine vorüberdonnert?

Es geht in keiner Zeile darum, hier das Manifest der leeren Birnen zu proklamieren, der Pfauen und Tussen, die rund um die Uhr mit dem Stylen ihrer Oberfläche beschäftigt sind. Noch immer aufregender finde ich, wenn sich der Mensch um beides sorgt, um die Beweglichkeit seines Hirns und die seines Körpers. Es handelt sich um Respekt vor dem Geschenk Leben. Das nur einmal kommt. Und eine einmalige Aufforderung ist.

Mein Körper als Heimat. Tausendmal wahr. Da kann Liebe nicht schaden.

Das Glück des Augenblicks: Paris

Es gibt ein Glück, das nicht »rein« ist. Das dennoch wahr und tief sein kann. Es hat im konkreten Fall mit Rache zu tun. Die ist, wenn sie gelingt, durchaus süß, durchaus imstande, ein außergewöhnliches Gefühl der Befriedigung zu verschaffen. Selbst wenn ein anderer im selben Moment leidet. Leid, das ihm zusteht.

In einem Interview sprach Mike Tyson, der Ex-Boxweltmeister, davon, dass ein Angriff auf seine Würde einen einzigen Reflex in ihm auslöst: zuzuschlagen. Ich bin nicht Mike, aber wehren muss auch ich mich. Würde ist ein prekäres Thema, wer sich nicht um sie sorgt, wird sich hassen. Oder still verkümmern. Sie muss sein, sie ist ein entscheidendes Spurenelement in einem Menschenleben.

Gewiss, Humor möcht' schon sein. Ach, wie anstrengend die rastlos gekränkten Würstchen, die keinen Spott verkraften, keine Ironie, ach, jene Zeitgenossen, die wie Hagestolze ihr »Ehrgefühl« durch die Welt tragen und jedem mit eisigem Liebesentzug (oder Anwalt) drohen, der es wagt, sie gerade nicht so erhaben wahrzunehmen, wie sie es einfordern.

Doch hier in Paris gab es Situationen – vor dem immer gleichen Hintergrund –, die mit Nonchalance und einem Lächeln nicht mehr zu bewältigen waren. Eines Tages war die eine Kränkung zu viel. Und ich musste handeln. Damit das Gift mich nicht auffraß.

Tatort Sorbonne, an der ich mich für einen Französischkurs eingetragen hatte. Das war eine wenig kluge Entscheidung. Wir 21 Teilnehmer saßen in einem düsteren Raum mit uralten Möbeln, und vor uns stand Monsieur Giret, der Prof: das Aas, jene Sorte Lehrer, die irgendwann beschlossen hatte, das Elend ihrer Mitmenschen zu vergrößern. Typ Daddy, Mitte fünfzig und mit Körperformen, die vermuten lassen, dass er seine Nächte als Liebhaber schon Jahrzehnte hinter sich hatte. Vielleicht war das der Grund, warum er sich immer wieder zu billigen Anzüglichkeiten hinreißen ließ, wenn eine der jungen Frauen sich zu Wort meldete. Die verdruckste Geilheit des Spießers kam zum Vorschein, in Tateinheit mit Amtsmissbrauch, weil er sich die Frechheiten ja nur als »Autoritätsperson« erlaubte, als die er sich hier aufführte.

Das betraf mich nicht persönlich, seltsam nur, dass sich keine wehrte, nur irritiert die Bemerkungen zu Rocklänge, Dekolleté und Frisur hinnahm. Von den Männern war ich – bis heute unergründlicherweise – das bevorzugte Ziel seiner Häme. Ich war weder besonders begabt noch besonders unbegabt. Wie wir alle hier hatte ich meine Schwierigkeiten mit der verdammt schönen, verdammt schweren französischen Sprache. Das kam Giret nur recht, denn wann immer ich eine Stelle vorlas, wann immer ich etwas fragte, er verpasste keine Gelegenheit, mich nachzuäffen, meine Fehler – sei es die Aussprache, sei es die Grammatik – genüsslich zu wiederholen. Unsäglich, bedenkt man, dass ein Lehrer den

Schüler anspornen sollte. Umso mehr, wenn er von mir (und den anderen zwanzig) für seine Dienste bezahlt wurde.

Dann kam der eine Montagnachmittag. Wieder schoss der Fettsack Giftpfeile in meine Richtung. Und diesmal, plötzlich, war das Maß erreicht, die wochenlangen Demütigungen mussten aufhören. Und die wochenlange Unfähigkeit, mich zu wehren. Meine Achtung vor mir selbst war gefährdet.

Ich blickte rüber zu Ruby, mit der ich befreundet war. Herzlich und rein platonisch, da die attraktive Amerikanerin Frauen liebte. Ich mochte ihren Geist, ihre Neugier. Klar, auch sie war mehrmals unter Girets Räder geraten. Ruby nickte, als hätte sie mich verstanden.

Nach dem Unterricht erklärte ich ihr den Plan, wir suchten einen leeren Raum und erarbeiteten einen Text, eine Art verbales Stoppschild, voll mit bösen Sätzen. Um Girets bizarre Umtriebe für alle Zukunft zu vereiteln.

»La vengeance se mange froid«, *die Rache isst man kalt*, sagen sie in Frankreich. Nein, ich brannte vor Zorn, ich hielt den Flammenwerfer aufs Papier, und jedes Wort loderte feuerrot, ätzte, stank vor Wut.

Am nächsten Tag, gleich zu Unterrichtsbeginn, lasen Ruby und ich – abwechselnd und in gehobener Lautstärke – das Pamphlet vor: die dreizackig formulierten Zeilen, in denen wir uns jede weitere Anmaßung ab sofort verbaten, in denen wir gnadenlos deutlich auf seine frivolen Auslassungen verwiesen, in denen wir ihn daran erinnerten, was die Aufgabe eines Pädagogen sei, und in denen wir Professor Giret – inzwischen zur Säule versteinert – aufforderten, sich jetzt und unüberhörbar vor versammelter Klasse zu entschuldigen. Falls nicht, würden wir anschließend das Rektorat aufsuchen und dort über sein Verhalten Bericht erstatten.

Das saß. Der kleine Sadist erhob sich von seinem Stuhl hinter dem Schreibtisch und stotterte – coram publico –

sagenhaft dreimal hintereinander: »Je suis désolé, je suis désolé, je suis désolé«, dreimal *es tut mir leid*.

Unten im Café am Place de la Sorbonne überkam mich ein prometheisches Gefühl. Okay, ich bin nicht gegen Götter angetreten, doch gegen einen hässlichen Zwerg mit Macht.

Selten, dass meine Glückshormone so wild durcheinander gepurzelt sind. Ja, allerreinstes Glück, ohne einen Funken Reue. Giret kassierte, was er längst verdient hatte. Und ich bekam meine Würde zurück. Und andere auch. Immerhin in Paris, das ich mir vor Kurzem als Heimat ausgesucht hatte. Das wäre kein gutes Vorzeichen gewesen, wenn ich die Niederträchtigkeiten feig und klaglos weggesteckt hätte.

Und Ruby, die für diesen Rausch mitverantwortlich war, wuchs über sich hinaus und schenkte mir an der Theke einen Kuss. »Un baiser saphique«, meinte sie kichernd, jetzt leicht betrunken wie ich, einen Kuss für einen Mädchenmund bestimmt. Ich schloss die Augen, schöner konnte der Tag nicht werden.

MENSCHEN

Der unergründliche Mensch. Nach jeder Entdeckung eines seiner Geheimnisse geht eine Tür auf, die in die nächste Tiefe führt. Kein Ankommen scheint in Sicht zu sein.

Vor Ewigkeiten lebte ich im Ashram eines indischen Gurus. Er bot die verschiedensten »groups« an, in denen man meditieren lernen konnte oder Yoga oder tanzen oder massieren. Oder seine heimlichsten Aggressionen wahrnehmen. Oder beharrlich üben, ein besserer Liebhaber zu werden. Oder – wie bescheiden: als Erleuchteter aufzuwachen! Und in einer Gruppe – von ihr soll jetzt die Rede sein – ging es um nichts anderes, als herauszufinden: »Who am I?«, *wer bin ich?*

Was für eine groteske Frage. Jeder weiß es doch, jeder kann tausend Dinge über sich aufsagen, massenhaft Details, Erfahrungen, Empfindungen, ja, nackte, unwiderrufliche Tatsachen.

So dachte ich. Weil ich jung war und blöd. Aber diese sieben Tage und Nächte in einem Raum mit acht Frauen und acht Männern brachten die ersten Risse. Die Einführungsworte der Leiterin waren harsch und unmissverständlich: »Es geht um eure Wahrheit und die Tricks und Fassaden, hinter denen ihr sie versteckt. Ihr braucht euren ganzen Mut, manchmal sogar Tapferkeit. Lasst alles zu, was in euch hochkommt, Ärger, Hass, Rückenschmerzen, Einsamkeit, Hoffnungslosigkeit, Zorn, Ablehnung, Traurigkeit, Geilheit, Fluchtgedanken, was auch immer, wo auch immer, auf der Toilette, beim Schlafengehen, beim Erwachen, beim Essen, doch bleibt unerbittlich bei der Frage: Wer bin ich?«

Order wie in einem Zenkloster: 4.45 Uhr – wir schliefen auf Matratzen am Boden – aufstehen, sofort, ohne Dösen, sofort. Ab ins Bad, wo bereits radikale Zustände herrschten: Eine Frau saß auf der Kloschüssel und erledigte ihre Notdurft, ein Mann mit morgendlicher Wasserlatte pisste in die Schüssel daneben, ein paar duschten, die Nächsten warteten, ich putzte mir die Zähne und erinnerte mich pflichtgemäß an »who am I« und wusste es genau: ein Würstchen, das sich auf dubiose Zumutungen einließ, deren Ausgang gewiss kein Glück versprach.

Die Struktur war denkbar einfach: sich einen »Partner« suchen, sich gegenübersetzen, und abwechselnd – je fünf Minuten lang – erzählte einer dem anderen etwas über sich. Sonst galt striktes Stillschweigen, zudem alles ohne Berührung, von Sex nicht zu reden.

Hatte man sich an drei, vier Wildfremden abgearbeitet, wurden wir mit scharfen Körperübungen gedrillt. Oder zu bizarren Auftritten: wie nackt an den Wänden entlangtapsen und ohne Unterlass »who am I?« vor uns hinmurmeln. Wie greinende Klageweiber. Oder hinaus in den indischen Monsun laufen und im strömenden Regen die letzten zehn Minuten »full speed« sprinten. Als würde das nicht reichen, wurde jeder immer wieder in den Nebenraum gerufen, um sich von einem der Gruppenleiter – ein Mann kam noch hinzu – eine Predigt anzuhören: wie verschlossen man sei, wie störrisch, wie erbärmlich, wie absolut nicht bereit, sein »wahres Gesicht« zu zeigen.

Natürlich hielt jeder die beiden für abgefeimte Sadisten, die uns an ihrem kranken Geist teilhaben ließen. Zwei Versager im bürgerlichen Leben, die jetzt ihr bisschen Macht vorführten. Doch so einfach war es nicht. Durchaus möglich, dass sie sich in ihre Rolle zwangen, es bewusst aushielten, gehasst zu werden – um uns zu helfen. Indem sie uns zuerst »ruinierten« und alle unsere Verteidigungsstrategien unterliefen: um jeden Ausweg und jede Ausrede zu versperren. Wer erschöpft ist, wird durchlässiger, seine Mauern bekommen Löcher, die ersten Barrieren verschwinden.

So redete ich mir ihre lobenswerten Absichten ein, um meine Anwesenheit hier zu rechtfertigen.

Am Ende der Woche fühlten sich die sieben Tage wie siebzig an. Unerträglich oft hatte ich mich den fünfzehn Frauen und Männern zugemutet und mein Scheißleben, meine Träume, meine Hoffnungen, mein ganzes Sein vor ihnen ausgebreitet. Und nicht weniger oft musste ich mir ihr Scheißleben anhören, den Angestelltenfrust, die Aufgeber-Ausflüchte (von Leuten, die irgendwann die Gruppe verließen), die Säuferstorys, ein Nuttenleben, zwei Punkleben, die Junkiegeschichten, das Hausfrauenlos, die Verzweiflung, das Schluchzen, das trostlose Verstummen und zuletzt stets die so einfache Überzeugung: Die Zukunft muss anders sein!

Am letzten Nachmittag saßen wir alle – nur noch dreizehn – im Kreis, sollten die Augen schließen, und als wir sie wieder öffneten, stand ein riesiges Tablett mit Schokoladenkuchen, Chai, Blumen und Kerzen in der Mitte. Hergetragen von den zwei Drachen, die nun jeden von uns umarmten. Und alle heulten los, so fertig, so gerührt, so verletzbar, so nackt an Leib und Seele.

Nein, das große Glück kam nicht vorbei, nur die innige Freude, vor der Schinderei nicht davongelaufen zu sein.

Nach der fröhlichen Stunde gingen wir ziemlich unerleuchtet auseinander. Doch ich vermute, dass wir alle etwas gelernt hatten. Noch immer wusste keiner, wer er war. Aber er spürte, dass er viel mehr war, viel komplexer, viel widersprüchlicher, viel irrationaler, viel geheimnisvoller, viel heller und viel dunkler, ja, eben viel unergründlicher, als es bisher sein Selbstbild zugelassen hatte. Gut, ich darf nur für mich sprechen und so schwor ich mir, nimmer zu sagen: Ich kenne diese Frau! Ich kenne diesen Mann! Ich will nur noch behaupten: Ein paar Eigenschaften weiß ich, vom ungeheuren Rest habe ich keine Ahnung.

Schnell eine Randbemerkung zum Lieblingswort der Esoterik-Esel: Erleuchtung! Laut vieler Esel wandeln viele »Erleuchtete« auf Erden. So eine Art Übermenschen, die mit kosmischer Weisheit erkannt haben, was die Welt zusammenhält. Sie plagen keine Fragen mehr, sie haben nur Antworten. Verkündet als ewige Wahrheiten. Doch selbst ihr Cheferleuchteter, Herr Buddha, hat Sprüche losgelassen – erwähnt sei nur ein Beispiel: Sexualität –, über die man heute entweder schallend lacht oder ob ihrer Einfältigkeit in Tränen ausbricht.

Auch unser Guru war nicht »enlightened«, sein späterer Lebensweg führte – dank katastrophal falscher Entscheidungen – knapp am Abgrund vorbei. Was in nichts der Tatsache widersprach, dass er smart war, erstaunlich belesen, viel wissend, witzig und originell. Und Inder. Und in diesem Land gehört der schöne Wahnsinn zum Bruttosozialprodukt.

Lassen wir allen überirdischen Hokuspokus beiseite, dann unterscheiden sich Menschen – nur von ihrem mentalen Zustand soll hier die Rede sein – vor allem durch den Grad ihres Bewusstseins. Je unbewusster einer, desto egozentrischer und mühseliger verfährt er mit seiner Umwelt. Und mit sich selbst: Was für ein Kreuz, ununterbrochen sein monströses Ego mit sich herumzuschleppen. Immer pushen, immer andere schmähen, immer Platz schaffen müssen für das Monstrum, das nie genug Raum findet. Da andere Monstren im Weg stehen.

Das Gegenteil von einem Ich-Besessenen wäre ein Zeitgenosse, Frau oder Mann, wie egal, der sich nicht als *master of the universe* aufführt, der vielmehr cool und elegant mit anderen umgeht, ein *smooth operator*, der sich eher unangestrengt durchs Leben bewegt und dem nie eine Geste der Demut passiert, da er stets auf gleiche Augenhöhe besteht, einer, der sein Herz nicht gegen sein Hirn ausspielt, der beides mag, denken und sich anrühren lassen.

Der Mensch braucht Menschen als Heimat. Freunde, Brüder, Vorbilder (mit Glück hat man sogar einen vorbildlichen Vater, eine vorbildliche Mutter), ja, jedweden Fremden, der näherkommt und den man näherkommen lässt. So einer bekommt ein reiches Leben. Äonen reicher als das eines Vernagelten, dessen Wirklichkeit am Brett vor seinem Kopf endet.

Einsamkeit fängt an, wenn keiner mehr nah ist oder – noch bohrender – wenn keiner mehr nah sein will.

Nochmals zurück zur Wer-bin-ich-Gruppe. Die meisten litten – abgesehen von anderen Wundstellen – an der Gewissheit, dass sie nichts wert seien, jedenfalls fast nichts wert. Entlang der Stationen des bisherigen Lebens – Kindheit, Schule, Beruf – gab es ganz offensichtlich wenig Zeichen der Begeisterung, wenig Glanz und Gloria, dafür zu viel Verneinung und zu viele Defekte.

Nicht genug gelten! Judy, eine Amerikanerin meinte, sie fühle sich als menschliches Wesen wie »bankruptcy assets«, wie eine Konkursmasse Mensch. Klar, solche Beichten kamen erst nach Tagen, als unsere zur Schau getragene Selbstsicherheit zu verwittern begonnen hatte und wir bereit waren preiszugeben, was sonst mit Nachdruck verheimlicht wurde.

Das nahm ich mir nach der Woche auch vor: eher rühmen als plattmachen. Selbstverständlich scheiterte ich. Oft. Mein eigenes Ego kam mir in die Quere, die alte Lust, jemanden runterzuputzen. Um mich aufzupolieren. Wer kennt das nicht?

Damit wir uns nicht in die falsche Richtung verlaufen: Garantiert kommen Gelegenheiten, bei denen Personen – Frauen wie Männer – auftreten, deren Worte und Taten man nur verachten kann. Und die niemand heilt mit Aufrufen zur Menschenfreundlichkeit. Dann soll scharf widersprochen werden, entschieden unfreundlich und eindeutig. Mir schaudert vor unbelehrbaren Pazifisten.

Was ich damals in Indien anfing zu praktizieren: dass ich grundsätzlich versuche, nicht jeden anderen – von dem ich nichts weiß – vorweg abzuwerten. Dass ich die »Angst vor dem Fremden« aushalte und sie nicht automatisch zur Ablehnung führt.

Ich will kein vom Leben erschreckter Mensch sein.

Viele Jahre später wurde mir diese Tatsache – Anerkennung als Grundnahrungsmittel – auf ungemein witzige und ergreifend lächerliche Weise bewusst. Rabiat bewusst. Ein Freund hatte mir einen YouTube-Link geschickt, Titel: »Smallest Penis Contest«. Organisiert von Howard Stern, *anchor man* seiner berühmt-berüchtigten Radioshows, die gleichzeitig per Video übertragen werden. Unfassbares tat sich auf. Knapp zwanzig Männer traten fasernackt vor eine vierköpfige Jury – darunter eine Frau! – und Sterns Mikrofon und Kamera. Und zeigten her, was sie nicht hatten.

Penisse, die man nur mit kreischendem Gelächter oder totenstiller Fassungslosigkeit betrachten konnte. Wenn überhaupt. Denn drei waren für das bloße Auge nicht sichtbar, so piepsig, so unsichtbar verschwanden sie im Schamhaargestrüpp. Man hätte sich mit einer Lupe vor sie hinknien müssen, um den Kümmerling zu finden. Dazu kam, und damit stieg das Staunen ins Maßlose, dass ihr »bestes« Stücklein meist an einem völlig aus dem Ruder gelaufenen Body hing, nein, millimeterkurz hervorlugte. Die Tollkühnen präsentierten sich somit der Weltöffentlichkeit mit zwei Makeln, die jeder »normale« Mann unbedingt verbergen würde: den ungustiösen Körper und – Himmel, durch welches Teil definieren sich Männer vehementer als »männlich«? – den läppischen Schwanz, der gerade noch zum Urinieren taugte, doch für alle weiteren Tätigkeiten gewiss nicht einsatzfähig war.

Aber das war nicht die Sensation, so sensationell sich das anhört. Sie kam, als Stern den schwergewichtigen Paul fragte, der mit dem Winzigsten gewonnen und der zuvor berichtet hatte, dass ihn Frauen beim Anblick seines Unterleibs aus dem Bett geworfen hätten, warum er sich so der Menschheit zeige. Ob ihm das nicht peinlich sei, immerhin wüssten nun Abermillionen, wie es um ihn stünde. Und Paul antwortete so unglaublich (ich fasse zusammen): Ich bin ein Sieger! Man kennt mich jetzt! Alle schauen auf mich!

Unser Hunger nach Wert. Und wäre es auf die absurdeste Weise.

Das Wort »Ansehen« kommt von viel »angesehen werden«, jemand hat somit Ansehen.

Die »anderen« sind die größte Herausforderung in einem Menschenleben. Täglich erfährt man, dass ein Teil der Milliarden Weltbewohner aus Dreck und Scheiße besteht. Weil sie morden und vernichten und missbrauchen und bis zum letzten Atemzug alles, was lebt und atmet, plündern. Gräuel, die kein Raubtier schafft. Und ich lese, höre oder sehe das und will nur Hass-Mensch sein. Noch mehr Hass, weil die Bestien Angst machen. Höre mich nach Rache flüstern und mutiere zum Spießer, der »Alle an die Wand stellen!« schreit und begreift: Ich bin wieder ein Misanthrop geworden, einer, dessen brüchiger Vorsatz zur Menschenliebe – zum wievielten Mal? – auf dem Bauch gelandet ist.

Die Ohnmacht der Sprache gegen die Übermacht des Lebens.

Dann geschehen die schönen Tage, an denen fast nur Heldengeschichten an mein Ohr dringen, von kleinen Helden, von großen, von Frauen und Männern, die Taten meistern, für die ich zu mutlos und zu schwach wäre. Und mir kommen die Tränen der Begeisterung, der Erleichterung, denn ich muss niemanden verabscheuen, kann leichtsinnig bewundern und an ein Gefühl von Verbundenheit glauben.

So geht das, seitdem ich vom Genie und Fluch des Menschengeschlechts weiß: Kaum sitzt die Hasskappe, verfinstert sich mein Herz, kaum passiert eine Glanztat, lande ich in den luftigen Höhen gedankenloser Freude.

Ist der Mensch gut? Ist er böse? Grundsätzlich? Ich vermute, eher gut, eher getrieben von dem Willen, zu lieben und geliebt zu werden. Doch er ist verführbar, und wenn der Falsche verführt, fängt der Verführte an, ein Schwein zu sein. Tut er es im Namen einer Ideologie oder Religion, dann wird er noch böser, dann wird aus einem kreuzbraven Familienvater der fleißige Massenmörder.

Der undurchschaubare Mensch. Zwei Seelen schlagen in seiner Brust? Aber nein, unzählige pochen, unzählige fordern ihr Recht.

Die amerikanische Schriftstellerin Susan Sontag erwähnte einmal folgendes Bild: Nehmen wir, beliebig ausgewählt, hundert Frauen und Männer, so befinden sich an einem

Ende zehn Gütige, unbelehrbar gütig, nie zu korrumpieren, und am anderen Ende stehen zehn Barbaren, pathologisch verwahrlost und nicht weniger unbeeinflussbar. Und dazwischen sind wir, die Mehrheit, die sich – je nach Umständen – nach links oder rechts zerren lässt. Hin zu den Großtaten der menschlichen Rasse oder hinein in die dunkelschwarzen Löcher unserer haltlosen Triebe.

So wie ich auf meinen Körper schaue, damit er nicht verkommt, damit er standhält den Zumutungen, die ihn via Kälte, Hitze, Krankheit oder Wunden drangsalieren, so mache ich es mit meiner »Seele« (oder wie man das Teil auch nennen möchte), auf die Licht und Schatten fallen. Attacken, die ich aushalten muss, gleichzeitig nicht zulassen darf, dass sie verroht, dass Metastasen – vergiftet von Bitterkeit und ätzendem Zynismus – sie überwuchern.

So bin ich immer auf der Suche nach – Frau/Mann, wieder egal – »Einzelstücken«. Jeden wertvollen Menschenfund ziehe ich an Land, in mein Leben. Die Weltmenschen – die unter der Schädeldecke gut Durchlüfteten. Die Menschen aus reinem Feuer – die Leidenschaftlichen. Die Paradiesmenschen – die mich lieben. Die Oja-Menschen – als Serum gegen die Oje-Menschen.

Sie alle taugen als Erste Hilfe, als Aphrodisiakum für die lebensmüden Tage, sind mein Bollwerk gegen die Eis-Menschen, die Einerlei-Menschen, die vergitterten Menschen. So gelten meine Freunde als der unwiderrufliche Beweis, dass es der Mensch durchaus zum Prachtexemplar schaffen kann. Und kommt der Tag, an dem ich Geld wie Asche verdiene, dann werde ich für jeden ein Denkmal aufstellen lassen, zehn Meter vor dem dahinter sich auftürmenden Museum. Für jeden eins.

Fraglos bin ich voreingenommen, sind ja meine Freunde. Und wer liebt, darf maßlos sein, darf aufdrehen und liebestolle Töne spucken. Sicher, ich brauche sie mehr als sie mich. Sie verhindern, dass ich ernüchtere.

Michelle Obama sagte, als Little Richard gestorben war: »Er weigerte sich, etwas anderes zu sein als er selbst.« Sogleich dachte ich an die »Meinen« und nickte leise, aber gewiss, der gut aussehende Satz passt auch auf sie.

Weil gerade von Freundschaft die Rede ist und dem schwerwiegenden Bedürfnis nach Nähe, eben der unausweichlichen Einsicht, dass man es allein in der Welt nicht aushält, hier eine Meldung aus Japan.

In dem Land ist jeder fünfte Sträfling über 65 Jahre alt. Die Mehrheit von ihnen klaute nicht aus Habgier, sondern mit dem Ziel, im Gefängnis zu landen. Um der vermaledeiten Einsamkeit zu entfliehen (und nebenbei dreimal am Tag ein anständiges Essen zu bekommen). Dort trifft man andere Diebe, kann plaudern und kichern miteinander, muss kein menschenleeres Leben mehr ertragen.

Noch eine Extravaganz aus Japan, noch ein Wort über die Unergründlichkeit des Menschen: über den »Hikikomori«, der vor allem auf dieser Insel sein wunderliches Dasein fristet. Jene Menschenscheue – und es sollen einige Millionen sein –, die sich in ein Zimmer einschließen und es (fast) nie verlassen. Junge, Mittelalte, Alte, meist Männer. Viele in der Wohnung ihrer Eltern, die sich schämen und Stillschweigen nach außen bewahren. Über jene, die in ihren verdunkelten Buden hocken und tagein, tagaus bis spät in die Nacht auf ihren blau erleuchteten Bildschirm starren, Fernsehen, Internet, Videogames. Das analoge Leben findet nur noch statt, wenn sie (Fast Food) essen, sich die Zähne putzen (sollten sie es tun) und onanieren. Der Rest ist virtuell, Tonnen von elektronisch generierten Bildern fluten pro 24 Stunden durch ihre Köpfe, und keine Frau und kein Mann wird je dem Computer entsteigen und sie umarmen. So nah die Erfüllung, so fern.

Die Gründe für die Angst vor allem und jedem? Die Psychologen mutmaßen: der enorme Erfolgsdruck der Gesellschaft, Schmähungen in der Kindheit, Mobbing in der Schule, der schwache Charakter.

Vielleicht. Vielleicht auch nicht. Untersuchungen haben gezeigt, dass sich selbst Leute ins dunkle Abseits eines Hikikomori verirren, die vorher tadellos »funktionierten«, jahrzehntelang entlang eines ruhigen Alltags nie auffällig wurden, ja, in keiner Ecke ihrer Biografie je ein Drama stattfand, nicht einmal ein Vater als Säufer, nicht einmal eine Mutter als gemütskrankes Elend. Und dennoch.

Das Unergründliche, wie faszinierend, wie unheimlich. Als ich jung war, wusste ich alles und war mir augenblicklich sicher: Der Mensch ist so geworden, weil sein Vorleben so war. Er tut das, weil ihm früher jenes angetan wurde. Ich dachte, man startet bei A und geht nach B, dann nach C – und so weiter. Ich hatte keine Ahnung vom Wirrwarr der Seele, von den kolossalen, ewig krummen Umwegen, die sie auf sich nimmt, von den unfassbaren Widersprüchen, die in ihr wüten, von den Entscheidungen, die jeder Logik hohnsprechen, ja, von der Bereitschaft, Taten zu begehen, die nicht Richtung Lebensglück führen, sondern direkt an die Wand.

Okay, ich war eben ein Halbstarker und hatte ein Recht auf Rechthaberei. Heute, so will mir scheinen, wanke ich – so verunsichert – hundert Mal. Pro Tag. Was mich seltsamerweise nicht nennenswert beschwert. So viel sorgloser flaniert man durchs Jahr. Die ungeheure Last des Besserwissers ist weg, geradezu leichtfertig kommt mir der Satz über die Lippen: Ich weiß es nicht!

Vor nicht langer Zeit las ich in *Le Monde* einen Text, in dem es um »L'empire des imbéciles« – *das Weltreich der Schafsköpfe* – ging: die Meinungsstarken, die unbedenklich eine Narretei nach der anderen raushauen. »Ich sagen kann jeder«, meinte Adorno, und sie können es. Ihr bevorzugtes Tätigungsfeld ist das World Wide Web, ihr Publikum sollen die fünf Kontinente sein, darunter machen sie es nicht. Die Coronakrise war wieder eine bravouröse Gelegenheit, die Menschheit an ihrem Intelligenzquotienten teilhaben zu lassen, der irgendwo zwischen minus 200 und minus 300 hin und her schlingert. An vorderster Front die Athleten der Verschwörungstheorien, die vor keinem Irrsinn haltmachten. Was beweist das? Dass Hirnversagen nicht unbedingt zum Tod führen muss. Horden von Hirnlosen erfreuen sich bester Gesundheit.

Vielleicht noch ein psychoanalytischer Blick auf diese Art Geisteskrankheit, die hinter so vielem ein Komplott lauern sieht. Möglicherweise handelt es sich um ZeitgenossInnen, bei denen eine Bedrohung – wie bei COVID-19 – eine heftige innere Verunsicherung auslöst, Furcht vor Kontrollverlust, die wiederum für diffuse Angstschübe und den Zustand des Ausgeliefertseins sorgt. Um damit fertigzuwerden, suchen sie nach Erklärungen. Und eines Morgens wachen sie erlöst auf, denn das Schändliche wurde entlarvt, und es macht Bingo: der Gates! Oder Bingo: die Juden! Oder Bingo: die Merkel! Oder Bingo: der schurkische Staat! Oder Bingo: die Impf-Mafia! Und so fort – ad infinitum absurdum!

Jetzt stabilisiert sich der Wirrkopf, er weiß Bescheid, er muss handeln, er muss uns den Spiegel vorhalten und sie – die fantastische Eingebung – in alle Himmelsrichtungen blöken. Dank WWW finden alle »Wissenden« blitzschnell zueinander. Der Wahn geht viral, die Schwarmdummheit zeigt ihre Muskeln.

Der Autor des *Le-Monde*-Essays, ein Wissenschaftler, erwähnte drei »Hilfsmittel«, die davor schützen könnten, sich ins Lager der geistig Eingetrübten zu verlaufen: »le doute, la nuance, l'autodérision«. Ich übersetze ins Reine: *Zweifel*, sprich, nie das Gefühl loswerden, dass bei vielen Antworten ein Rest Ungewissheit mitschwingen soll, dass Wahrheiten sich ändern, dass ewige Wahrheiten noch nie existierten, ja man sich bewusst sein soll, dass der eigene Blickwinkel beschränkt ist, nie grandios genug, um »alles« zu erfassen.

»La nuance«, im Deutschen klingt das Wort genauso, hier soll es sagen: Viele Themen sind furchterregend komplex, was wohl der Hauptgrund für den Hunger nach einfachen Lösungen ist. Denn Komplexität verlangt intellektuellen Schweiß, täglich, verlangt den unverzagten Mut zuzugeben, dass man keine Ahnung hat. Oder zu dürftig die Kenntnis ist, um ein Urteil abgeben zu können. Doch wenn der Mensch Stellung bezieht, dann – große Bitte – differenziert, nuanciert, nicht mit der Posaune des Prolos in der Rechten und der Bildzeitung in der Linken. Die »Erscheinungen der Welt« (Meister Goethe) sind heute so unfassbar zahlreich und rätselhaft, dass auch ein pausenlos Wissenshungriger bereits frühmorgens mit dem Gedanken aufwacht, dass er wieder – wie am Tag zuvor, wie alle kommenden Tage – überfordert ist. Von dem, was das Leben an Phänomenen, an Zauber, an hinter tausendundeins Türen versteckten Geheimnissen zu bieten hat.

Jetzt kommt die dritte Waffe, »l'autodérision«: *Selbstironie*, dieses federleichte Werkzeug, mit dessen Hilfe – trotz aller tief sitzenden Sehnsucht, sich Klarheit im Hirn zu verschaffen, und trotz der Gewissheit, dass das nie ganz der Fall sein wird – man das Hiersein mit mehr Eleganz, ja, mehr Frohmut bewältigt. Das wäre die Fähigkeit, sein Ego, zumindest in Maßen, in Schach zu halten und seine Ansichten – was für eine Erlösung für den Betroffenen und seine acht Milliarden Nachbarn – ohne missionarischen Geifer und ohne die Inbrunst der Unfehlbarkeit zu verlautbaren. Das schützt natürlich nicht davor, bisweilen selbst Dummheiten loszulassen. Was jedoch die Umstehenden nur begrenzt belastet, wurden die Sottisen doch ohne feierlichen Ton ausgesprochen. Denn immerhin eine Wahrheit hat sich als ewig herausgestellt: Stuss mit Erhabenheit vorzutragen ist ein Verbrechen an der Menschlichkeit.

Ich könnte mich in jede und jeden verlieben, der so daherkommt: ausgerüstet mit allen drei »Apps« und allzeit bereit, sie an andere zu verschwenden. Nach jedem Gespräch mit ihnen ginge ich um ein paar Millimeter klüger und heiterer davon, besäße ein geistreicheres Hirn, wäre gefeiter gegen jede Art von Depression.

Mir geht es wie jedem. Menschen traten (und treten) in mein Leben, die mich begeistern. Und dürfte ich mir noch – zu den gerade erwähnten – ein weiteres besonderes Kennzeichen wünschen, dann: Empathie. Ich mag Leuten zuschauen, die andere wahrnehmen, die spüren, mitspüren, mitfühlen. Ich leide unter denen, die nicht leiden. Das ist ein pathetischer Satz, der ganz trocken gemeint ist. Kein Funken Heimat entsteht in der Nähe von kalten Frauen und Männern.

Sie, die Instinktlosen, beschleunigen meinen Alterungsprozess. Sei es die innere Verrohung, sei es die Nonchalance, mit der sie ihre Schwachstrombirne durch die Welt tragen.

Wäre das nicht eine fulminante Erfindung: ein Hirnschrittmacher? Der stets dann anspringt, wenn es unterhalb der Schädeldecke zu dunkel wird, wenn kein Nanogramm Verstand mehr zündet.

Irgendwann (bald) will ich es wissen, und deshalb komme ich nochmals auf ein zentrales Thema zurück: Mag ich Menschen, oder sind mir die meisten zuwider? Fest steht: Wann immer ich hassgrün herumlaufe, geht es mir schlecht. Weil ich mir den Gedanken verbiete? Weil mein Körper, innen wie außen, verhärtet? Weil an diesen Tagen mein Leben weniger reich ist? Unverbrüchlich wahr: Kommt die »manische« Phase, die Zeit der Menschenfreundlichkeit, dann bin ich leichter, versöhnlicher, ja, das klingt seltsam: »erfolgreicher«. Weil ich etwas ausstrahle, was andere beschwingt, ja, sie »verführt« – ich meine das nicht im erotischen Sinn – zu dem, was ich erreichen will. So bringt, wie erfreulich, die eigene Wärme eigene Vorteile. Das ist ein fairer Deal. Und befreit von dem Verdacht, nur »geben« zu wollen. Ich schwöre, nein.

Ich kenne Leute, durchaus Bekannte – gewiss keine Alten und Krummen, die eindringlich nach Schuldigen für ihr missglücktes Leben suchen –, die sich als bekennende Menschenhasser outen. Sie haben sich in ihrem Widerwillen eingerichtet, und dabei bleibt es. Diskussionen mit ihnen führen zu nichts. Einer meinte, ich sei nur zu feig, den Abscheu zuzugeben. Okay, ein Weichei eben.

Jetzt, am Ende, eine kleine Geschichte. Habe sie noch nie privat oder in einem Buch erwähnt. Doch hier passt sie. Ich habe eine 87-jährige Freundin, Marceline, und das kam so: Es war wieder ein Tag, an dem ich dachte, dass ich mich nur mit mir beschäftige. Meinem Leben, meiner Karriere, meinem Wohlbefinden. Ich beschloss, ein wenig von meiner Energie für jemanden herzugeben, der mir nicht von Nutzen ist, den ich nicht begehre, von dem kein Silberlöffel Belohnung zu erwarten ist, ja, mit dem ich eine Nähe herstelle, die – so sagen sie in Frankreich – »desinteressé« ist, *desinteressiert*, sprich, ohne jeden Hintergedanken, welchen auch immer.

Zufällig erfuhr ich von Marceline durch Samir, meinen Obsthändler, zu dem sie gelegentlich als Kundin kam. Sie wohne allein, sie sei fragil, mit schwachen Augen und unübersehbar einsam. Der Algerier fragte sie – diskret, auf meine Bitte hin – nach ihrer Adresse, und eines Nachmittags läutete ich bei der alten Dame.

Es dauerte, und sie öffnete nur so weit, wie es die kleine Kette zuließ. Das wurden seltsame Minuten. Sie sah einen wildfremden Kerl vor sich, der nun drauflosredete, einen Radiobericht erwähnte von wegen ältere Menschen, die ohne Kontakte in der großen Stadt lebten, verwies auf die Appelle zu ein bisschen Solidarität, und dass mir Samir von ihr erzählt habe, und ob sie einverstanden sei, dass ich ihr bisweilen Gesellschaft leistete. Ich redete ohne Punkt und Komma, natürlich war ich nervös, natürlich hatte ich Angst, sie zu verschrecken.

Doch Marceline stand ganz still, lächelte scheu, musterte mich, entsperrte das Schloss und sagte glatt: »Soyez le bienvenu«, *seien Sie willkommen.* Entweder war sie tollkühn oder so verdammt vereinsamt, dass sie sogar einen vollkommen Unbekannten einließ.

Seitdem sind Marceline und ich »des camarades«, *Kameraden,* so bezeichnet sie uns. Ein Wort aus längst vergangenen Tagen. Gleich am ersten Tag machte sie Tee, und ich hatte vorsorglich Gebäck mitgebracht. Ach, ihre Wohnung voller Bommeln und gehäkelter Deckchen, ach, der Nippes für drei Hochhäuser, ach, die Schränke, jeder so eichenschwer wie ein dicker Baum. Und an den Wänden die tausend Fotos, ihr Leben.

Sie erzählte und beschwerte sich nie über meine Neugier. Bald entwickelten wir eine solide Routine: Tee und Kuchen, meine Fragen und Marcelines Antworten, hinterher las ich ihr laut vor, immer aus *Le Parisien*, der beliebtesten Zeitung der Stadt. Wir fingen mit »les faits divers« an, den Lokalnachrichten, zuerst ein bisschen Mord, ein bisschen Totschlag, ein bisschen Raub, dann »culture«, dann »people«. Ergab es sich, so kommentierten wir – oder lästerten über – die Gauner, die Berühmten und Wichtigtuer.

Manchmal schlief Marceline ein, dann räumte ich ab, spülte das Geschirr und verschwand leise. Meist mit einem kleinen Zettel in der Hand, auf dem stand, was ich ihr bitte das nächste Mal mitbringen sollte. Ich bestand darauf, dass ich für sie die Besorgungen erledigte, sie bestand darauf, dass sie alle Einkäufe bezahlte.

Hier ist kein Platz, um das Leben dieser Französin zu erzählen. Einmal meinte sie, sich noch gut an die Gestapo zu erinnern, als die Nazis 1940 hier einfielen. Sie wusste, dass ich Deutscher bin, und sagte es ohne unterschwelligen Tadel, hätte es gewiss nicht angesprochen, hätte ich nicht ausdrücklich danach gefragt.

Schon nach Wochen, so vermute ich, freute ich mich mehr als die zarte Greisin auf unser nächstes Rendezvous (im Französischen kann man das Wort ganz ohne jeden sinnlichen Unterton gebrauchen). Irgendwann, mitten in ihrem Wohnzimmer, war mir klar, warum: Ich war vollkommen entspannt, so leicht in ihrer Gegenwart, und ich war das, weil ich mich in keiner Sekunde um mich kümmerte, tatsächlich imstande war, nur da zu sein, nur die Anwesenheit dieser warmen Frau zu genießen.

Als Kind habe ich oft in den Nachthimmel gestarrt, fasziniert von den blitzenden Sternen. Später gab ich ihnen die Namen von Menschen, die mir zu verschiedenen Zeiten und an verschiedenen Orten Heimat waren. Oder noch immer sind. Heimat als Synonym für Swing und gedankenlose Freude. Jetzt gibt es einen Stern Marceline.

Piper Gebrauchsanweisungen

gibt es zum Beispiel …

fürs Camping
von Björn Staschen

fürs Daheimbleiben
von Harriet Köhler

fürs Fahrradfahren
von Sebastian Herrmann

fürs Gärtnern
von Gabriella Pape

für Heimat
von Andreas Altmann

für das Internet
von Dirk von Gehlen

für das Jenseits
von Bruno Jonas

für Kreuzfahrten
von Thomas Blubacher

fürs Laufen
von Jochen Schmidt

für das Leben
von Andreas Altmann

fürs Lesen
von Felicitas von Lovenberg

fürs Museum
von Konrad O. Bernheimer

für Pferde
von Juli Zeh

fürs Reisen
von Ilija Trojanow

fürs Scheitern
von Heinrich Steinfest

fürs Schwimmen
von John von Düffel

fürs Segeln
von Marc Bielefeld

für Tennis
von Jürgen Schmieder

für den Wald
von Peter Wohlleben

für Weihnachten
von Constanze Kleis

für die Welt
von Andreas Altmann

und außerdem …

Notizbuch für
Weltenbummler

01/0005/03/L